U0732468

大学生职业素养培育
综合教程

主　审　杜树宇

主　编　李　波　王晓玉　郝　雷

副主编　王　磊　刘　美　靳启健　焦方俊

编　者　隋　斌　孙成昊　赵子斌　侯庆海　刘玉福　刘瀚璟

中国石油大学出版社
CHINA UNIVERSITY OF PETROLEUM PRESS
山东·青岛

图书在版编目（CIP）数据

大学生职业素养培育综合教程 / 李波，王晓玉，郝
雷主编 . -- 青岛：中国石油大学出版社，2023.7
ISBN 978-7-5636-7874-7

Ⅰ. ①大…　Ⅱ. ①李…　②王…　③郝…　Ⅲ. ①大学生
－职业道德－高等学校－教材　Ⅳ. ① G647.38

中国国家版本馆 CIP 数据核字（2023）第 127927 号

书　　　名：大学生职业素养培育综合教程
　　　　　　DAXUESHENG ZHIYE SUYANG PEIYU ZONGHE JIAOCHENG
主　　　编：李　波　王晓玉　郝　雷

责任编辑：刘平娟（电话　0532－86983561）
封面设计：青岛友一广告传媒有限公司

出　版　者：中国石油大学出版社
　　　　　　（地址：山东省青岛市黄岛区长江西路 66 号　邮编：266580）
网　　　址：http://cbs.upc.edu.cn
电子邮箱：jichujiaoyu0532@163.com
排　版　者：青岛友一广告传媒有限公司
印　刷　者：青岛北琪精密制造有限公司
发　行　者：中国石油大学出版社（电话　0532－86983437）
开　　　本：787 mm × 1 092 mm　1/16
印　　　张：13.5
字　　　数：270 千字
版 印 次：2023 年 7 月第 1 版　2023 年 7 月第 1 次印刷
书　　　号：ISBN 978-7-5636-7874-7
定　　　价：49.80 元

前　言

随着时代的发展与进步,用人单位对人才的要求越来越高。一个人要想在激烈的人才竞争中立足,就必须具备较高的职业素养。近几年,大学毕业生的就业问题已经成为比较严重的社会问题,也可以说是一个社会难题。从社会的角度来看,很多企业又在叹息"招不到合适的人"。很多事实表明,这种现象的存在与学生的职业素养难以达到企业的要求有关。既然社会需要具有较高职业素养的毕业生,那么高校就应该把培育大学生的职业素养作为重要的目标。由于校企双主体育人是推进高校内涵式发展和提高人才培养质量的重要方式,因此职业教育高校应倡导社会企业共同育人和实质性地参与教学资源开发,从而达到联合开发、双方共享的目的。

本教材是山东铝业职业学院在调研社会、走访企业的基础上,由学院教师、山东铝业有限公司企业人员参加,在吸取兄弟院校相关经验的基础上,经过充分的企业调研,由校企双方合作开发的。本教材在讲解大学生职业素养知识的同时,落实了三全育人,融入了课程思政教育和二十大精神教育,还结合学院及企业的典型案例,在讲授知识的过程中贯穿了真实案例,将课堂教学转化为真实职场,使教学更有感染力和说服力,更能让学生感同身受。此外,本教材中以二维码形式添加了大量资源,包括视频、文本拓展资料等,使教学资源更加丰富,教材更加立体。本教材可以满足广大学生在职业核心能力上自我提升、自我教育的迫切要求,也可以帮助职场新人快速适应环境、提升职业能力。

本教材分为两部分:第一部分主要有专业指导、职业发展、职业生涯规划、

就业指导等内容；第二部分主要有职业核心能力、礼仪与沟通、团队合作、自我管理等内容。

本教材立足于现代职业教育理念，力求体现能力本位和"教、学、做"一体化培养模式，具体有以下几个特点：

（1）实用性强。本教材对理论知识的讲授以够用为主，注重帮助学生树立正确的职业观和就业观，体现了能力本位的培养。

（2）实践性强。本教材每一小节后都设置了"探索与训练"，以激发学生的主观能动性，使其身体力行地参与实践和体验，更深刻地领会所学知识。

（3）趣味性强。本教材图文并茂，形式多样，融入了大量的立体化资源，拓展了很多知识，增强了趣味性，能够充分激发学生的学习兴趣。

本教材由杜树宇担任主审，李波、王晓玉、郝雷担任主编，王磊、刘美、靳启健、焦方俊担任副主编，隋斌、孙成昊、赵子斌、侯庆海、刘玉福、刘瀚璟参与编写。具体分工如下：侯庆海编写项目一，孙成昊编写项目二，王磊、刘瀚璟编写项目三，赵子斌编写项目四，王晓玉编写项目五，隋斌、靳启健编写项目六，刘美、刘玉福编写项目七，焦方俊编写项目八，李波、郝雷负责全书的统稿工作。

在编写过程中，编者参考了大量的资料，再次向资料的作者表示衷心的感谢！

由于编者水平有限，加之时间仓促，书中难免存在不足，敬请读者批评指正！

编者
2023 年 5 月

目　录

第二部分 职业素养

第一部分

职业规划与就业指导

项目一
新生专业指导

项目引言

　　很多大学生由于对自己、对所学专业缺乏足够的了解，因此对未来很迷茫，人生没有目标，进而失去学习动力，很难融入大学的学习和生活，以后的人生也很难走上正轨。所以，对大学生进行自我认知和专业认知教育，帮助其树立合适的专业理想非常重要。

　　本项目通过自我专业认知、专业牛人竞赛、树立专业理想三个任务，帮助同学们深入学习自我专业认知的路径和方法，树立专业理想，并结合典型案例以及撰写真实的专业前景报告，树立专业理想。

任务一　自我专业认知

教学目标	【知识目标】	◎ 了解专业，认知自我。
		◎ 发现自身特质，适配所学专业。
	【能力目标】	通过测试判断自己的专业适合度。
	【素质目标】	端正专业学习态度，树立正确的价值观。

德育引领

在英文中，大学一词为"university"，是由"universe"（宇宙）这个词的前身派生而来的。对于专业学习来说，大学是一个博大的地方，意味着学生在这里有多元化的学习方式，将来会有多样化的生涯发展路径。

先给同学们介绍一位学长：

范学帅，山东铝业职业学院2001级计算机信息管理专业的学生，在校期间成绩优良，专业知识扎实，且经常参加校内活动，表现突出，毕业后凭借专业优势成为山东铝业有限公司电视台编辑，后凭借主持特长成为山东铝业有限公司电视台新闻主播。曾荣获淄博市主持人大赛冠军，获得山东省主持人大赛"十佳主持人"称号，2013年考取中国传媒大学广播电视专业全日制研究生，现任北京广播电视台主持人，为国家一级播音员，并受聘为北京外国语大学国际新闻与传播学院研究生导师。

同一个专业毕业的学生可能会从事不同的职业。专业重要，能力更重要。欢迎同学们来到大学，保持持续学习的热情，学好专业，提高综合素质，成就精彩人生，成为更好的自己！

知识讲堂

一、了解专业

大学里绝大部分专业的方向都是固定的，我们可以在学校的招生简章上看到相关的介绍,并通过填报志愿选择专业。那么,专业是什么呢?

大学中所说的专业是指学业分类,《现代汉语词典》(第7版)对专业的解释是:"高等学校的一个系里或中等专业学校里,根据科学分工或生产部门的分工把学业分成的门类。"学校的专业设置和社会需求密不可分。目前我国的大学逐渐从"精英教育"转变为"大众教育",此阶段的高校专业是社会分工、学科知识和教育结构三位一体的组织形态。其中,社会分工是专业存在的基础,学科知识是专业的核心,教育结构是专业的外在表现形式,三者紧密结合,共同构成高校人才培养的基本单位。

毫无疑问,专业是十分重要的,它是科学、技术与工程知识的载体,又是学习思维与能力的平台和工具。专业学习是发现自身特质、确立职业目标的基础。但专业又有局限性,表现在:大部分从业者的职业并不与专业相对应,有些职业所要求的专业知识与能力不可能全部从学校现设的专业里学到,而优秀人才,尤其是高精尖人才,更需要实践的磨砺。

因此,在选择专业时,必须清醒地认识到自己的优势与短板、自己的爱好与志趣、自己的潜力与局限,理智选择。选择好专业之后,要认真学习,全方位发展,发挥自己的潜能,成为专业牛人。

学长经验

季洋洋:就我个人而言,市场营销并非我的第一志愿,也是我不太喜欢的专业。我曾经也考虑过转专业,但转专业是有名额限制的,大一学年的学习成绩足够优秀,大二时才能有机会转入自己心仪的专业,这也是大部分同学很难转专业的原因。所以,如果确定要转专业,大一时就应该努力学习,尽自己最大的努力考个好成绩。

教师点评

首先,要充分了解本专业,在了解了自己的兴趣和性格、专业培养方案、未来的升学和就业前景等主要信息后,再来思考自己是不是真的不喜欢本专业。其次,如果确实不适合本专业,可以考虑大一时努力学习,大二开学后申请转专业。有梦想,肯努力,谁都了不起!

看完专业的相关介绍、学长的经验分享和教师的点评,大一的你们是否能清楚地知道自己想要获得什么?该怎么做?是否不再迷茫呢?

上面的内容倘若能让你们变得更优秀,更能看清自己,看清前方的道路,使你们的大学之旅不再迷茫,那么老师与学长的努力就是有价值的。

二、自我认知

1.自我认知的含义

"认识你自己"是希腊德尔菲神庙门楣上的名言,苏格拉底曾将其作为自己哲学原则的宣言。"认识你自己"也是人生命题中最难解的问题之一。自我认知就是人在社会实践中对自己的生理、心理、社会活动以及自己与周围事物的关系的认知,包括自我观察、自我体验、自我评价等。约哈里窗户理论如图 1-1 所示。大学生的自我认知更具主动性和自觉性,这是因为:一方面,个体生理趋于成熟;另一方面,随着交往范围的扩大,个体的独立意识与社会化意识增强。

正确地认识自我

	自知	不自知
他知	A 公开的我	B 盲目的我
他不知	C 私密的我	D 未知的我

图 1-1　约哈里窗户理论

大学是青年走向社会和工作岗位的准备阶段,在此阶段,个体不仅要考虑自己与周围环境的关系,还要考虑自己的社会责任与前途等问题。因此,大学生跨入校门之后,首先面对的问题就是对自己做出一个较为符合实际的评价,即我是什么样的人,我应该怎样,我能成为什么样的人,等等。由于各类知识增加以及生活经验积累,大多数大学生对自己的分析、评价逐渐变得客观和全面。

大学生的自我体验更加丰富。自我体验是自我意识的情绪成分,是人们对自己情绪状态的反映,可以表现为自尊、自豪、自爱、自卑、自怜等情绪状态。大学生活实际上是个体对自我重新认识和确证的过程。中学时期的目标比较简单,就是考上大学。而进入大学以后,将面临专业选择、交友、职业选择等一系列新的问题。处于青年时期的大学生的自我体验仍然有一定程度的波动性,如:取得成绩时,产生积极、肯定的情绪体验,容易骄傲自满,忘乎所以;遇到挫折时,容易自卑、悲观、失望。多数大学生具有较强的自尊心。自尊心较强的人不仅对自己持有肯定态度,还往往能够接纳别人,乐于参加社会活动。

2. 自我认知与职业定位

（1）职业定位的含义。

职业定位有两层含义：一层是确定自己是谁，适合做什么工作；另一层是告诉别人自己是谁，擅长做什么工作。

职业定位是自我定位和社会定位两者的统一，一个人只有在了解自己、了解职业、了解自己和职业要求之间的差距的基础上，才能对自己进行准确的定位。只有定位准确，才能获得持续的发展。

职业定位就是明确自己在职业上的发展方向，它是一个人在整个生涯发展历程中的战略性问题，也是根本性问题。具体而言，从长远上看是找准自己的职业类别，就阶段性而言是明确所处阶段对应的行业和职能，即明确自己在职场中应该处于什么样的位置。它是职业规划及职业发展的第一步，也是最基础的工作、最重要的一步。偏差较大或者定位错误，意味着接下来的职业生涯可能遭遇挫折或失败。

职业定位有以下分类：

① 技术型：持有这种职业定位思想的人出于自身个性与爱好的考虑，往往并不愿意从事管理工作，而是愿意在自己的专业技术领域发展。在从前不培养专业经理的时候，经常将技术拔尖的员工提拔到领导岗位，但他们本人并不喜欢这样，而是希望能够继续研究自己的专业。

② 管理型：这类人有意愿做管理人员，同时经验也告诉他们自己有能力获得高层领导的岗位，因此他们将职业目标定为有相当大职责的管理岗位。

（2）自我认知与职业定位的关系。

自我认知对职业定位的选择有重要影响。自我认知能够引导一个人发现自己最擅长的事情和能够发展自己兴趣的领域，从而有针对性地进行职业生涯规划。对于大学生来讲，我们需要对自己、对专业课程和实践经历进行评价和反思，以便了解自己对事物感兴趣的方向和自身意愿。

自我认知的程度影响着职业定位的准确性。制订一个合理的职业生涯规划，首先要对自己有一个清晰的认识。对自我的探索和分析是认识自己的关键一步。只有认识了自己，才能取己所长，避己所短，才能进行准确的职业定位，确定最佳职业目标，设计合理的职业生涯路线，对职业进行系统的、整体的规划。

霍兰德职业
兴趣理论

三、自我发展

自我发展要顺应国家大势。二十大报告指出，必须坚持科技是第一生产力、人才是第一资源、创新是第一动力。认识自我后,要全面发展就必须提高职业素养。衡量一个人是否全面发展,其中一个很重要的尺度就是看其能否达到专业、敬业、乐业,具备较高的专业素养。

职业专业化是我国新时期大学教育改革的发展方向。所谓专业化,是指普通职业个体逐渐符合专业标准,成为专门职业人并获得相应专业地位的过程。面对严峻的就业形势,要想在每年几百万名大学生中脱颖而出,迈好职场第一步,最关键的是提升自身的专业化水平和素养。在市场经济条件下,专业是可以标价的。一般而言,专业水平越高,价值就越大。达到专业化水平,是人力资本投资最直观的表现,也是一个人最基本的职业素养。

无论是基于主动还是盲从,抑或被动选择了某一专业,都无法保证将来一定是自己要从事的职业或事业。专业之选为一时,职业之途为一世;专业之选在权衡,职业之途在守恒。权衡,在需求与前景、能力与兴趣、生存与薪酬之间做出综合分析与折中处理;守恒,在终生不渝的奋斗中坚守与追求。

探索与训练

第一步,自我认知

同学们对自己的认识有多少?请按照下述格式完成句子,并写在纸条上,越多越好。请你们思考自己是从哪些方面来认识自己的,是怎么得出结论的。

我眼中的自己

① 我是 _____。

② 我是 _____。

③ 我是 _____。

④ 我是 _____。

⑤ 我是 _____。

⑥ 我是 _____。

⑦ 我是 _____。

⑧ 我是 _____。

⑨ 我是 _____。

⑩ 我是 _____。

⑪ 我是 _____。

⑫ 我是 _____。

猜猜他是谁

将写好的纸条进行回收,抽取部分同学的自我描述并朗读出来,全班同学猜一猜他是谁。

第二步,专业选择

全班同学分成若干小组,请每小组选出一个代表,请其说出选择专业的理由。教师进行专业解读,如图1-2所示。

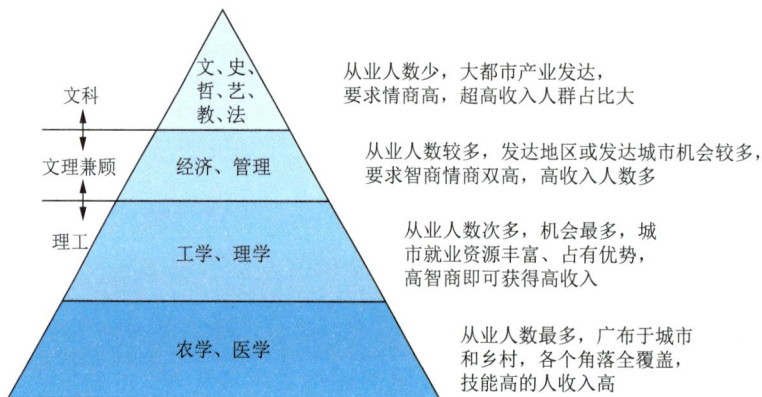

图1-2 12个学科门类(不包括军事)专业金字塔结构解读

第三步,专业匹配度

测试你们的性格和专业匹配度。

(1)社会型。

性格特点:热情友善、容易相处,在人与事物之间偏爱与人打交道。

专业密码:社会型达人的关键词是活力。他们具有开拓者的胸怀,喜欢从事竞争性的工作;他们注重和谐,任何关系都可以保持在良好的互动与了解上。不论是外交还是公共关系领域,都是社会型达人一展才干的领域。

(2)事务型。

性格特点:细致严谨、认真,喜欢规范明确、秩序井然的工作环境,偏爱系统性、条理性、规则性比较强的活动。

专业密码:事务型达人记忆力一流,师范类专业是他们的首选,尤其是学前教育、历史学专业。他们喜欢把事情做到尽善尽美,但是也会因为太注重细节而忽略整体,比较适合做秘书或者行政人员。事务型达人尤其适合一些需要专注和细心的工作。

（3）艺术型。

性格特点：敏感深刻、自由奔放，喜欢在宽松自由的环境中工作，常借助于音乐、文字、形体、色彩等形式表达自己的感受，追求与众不同。

专业密码：艺术型达人无法忍受机械化的生活方式、严明的纪律和一成不变地例行公事，不擅长逻辑和科学方面的思考或从事纪律严明的工作。他们具有浓厚的艺术气息，并且有那种把自己的感情融入工作中的天性，所以很适合在文艺界或设计界发展。他们需要一份能够充分发挥才能的工作，尤其适合需要高度创意和艺术性的工作。

（4）经营型。

性格特点：精明自信、乐观进取，对商业信息比较敏感，善于说服他人接受自己的观点，喜欢追求经济效益和个人成就，具有一定的组织策划能力。

专业密码：经营型达人慎重、冷静，做事脚踏实地，接受能力强，追求完美，比较追求物质上的满足。他们对数字敏感，对钱有着特殊的感觉，很适合处理一些和财政、金融有关的事务。他们分析能力强，即使每天都有一大堆数据、资料需要处理，也难不倒他们。

（5）研究型。

性格特点：严谨缜密、勤学好问，善于观察分析、逻辑推理，喜欢以理性思考的方式探究事物。

专业密码：研究型达人无法忍受单调地例行公事，需要从事有成就感的工作。他们可以长期全神贯注地、追根究底地搞研究，学术工作是他们擅长的工作之一。他们喜欢挑战甚至会强迫自己置身于麻烦中，努力从逆境中建立起自己的事业，任何使他们的能力面临最大考验的工作都能够满足他们对工作的需求。

请大家对照自己进行比对，自我评价得分，非常匹配100分，如有不符合的，一项减10分。小组成员之间根据平时印象相互打分，取平均分形成小组得分，小组展开讨论，说出本专业适合的性格，自己的专业优势以及需要改进和完善的地方，填写表1-1。

表1-1　专业匹配度表

姓名：_____　　　　班级：_____　　　　学号：_____

匹配度自我得分	匹配度小组得分	专业优势	需要改进和完善的地方

第四步，专业代言人评选

（1）每小组选派一名同学进行专业宣讲。

（2）给专业宣讲的同学进行投票，得票多者获胜，定为本班专业代言人。

本环节基于同学们对所学专业的了解，通过分析、自我评价和他人评价，让同学们客观认识自己与专业的匹配度；通过专业代言人评选，增强同学们的专业自豪感，提高同学们的专业认知度。

榜样人物

大道至简——郝雷教授的成功之路

郝雷教授年轻时即对教育情有独钟。基于对自己理性思维较强的认知，1983年他选择了山东师范大学数学系，树立了当一位人民教师的理想。1987年毕业后，他来到山东铝业有限公司技工学校开始了教书育人的职业征程。他讲课幽默，能将枯燥的数学理论讲授得很生动，改变了一些学生对数学的看法。他像磁石一样吸引着学生，其先进的教育理念、丰富的数学知识以细雨无声润万物的方式滋润着学生，成为学生人生起航的动力。

郝雷教授

在教师岗位上，他勤奋阅读，善于思考，笔耕不辍，努力探索和研究职业教育规律，攀登更高目标。20多年来，他撰写的《复数教学不可忽视》《分析交流电路中的四种数学方法》《高等职业院校数学课程改革探讨》等几十篇论文分别刊登在省、国家、国际学术期刊上，标志着他在教育教学理论上达到了很高的水平，得到了专家、学者们的高度重视。他1993年晋升为讲师，1998年晋升为高级讲师，2003年晋升为高级经济师，2012年平转为副教授，2014年晋升为教授，成为山东铝业职业学院第一批教授之一。2015—2018年，作为专业建设负责人，他深耕的机电一体化技术专业被教育部认定为骨干专业；2018年，他带领的机电一体化技术教学团队被山东省教育厅认定为山东省职业院校教学团队；2018年，他主持了山东省高等学校人文社会科学研究项目"职业院校学生职业核心素养培育研究"；2021年，他主持的"构建5333校企双主体育人模式，破解学生就业留存率难题——山东铝业职业学院'校企直通车'成功案例"成功入选教育部"2021年产教融合校企合作典型案例"名单。此外，他还多次荣获"优秀教师""师德标兵"等荣誉称号。

担任实训中心主任后，他顺应高职教育改革潮流，大力推行"教、学、做"一体化教学模式，充分发挥"校企相融，产学互动"的办学优势，改善了学院实习实训落后的面貌；狠抓校企共建实习实训场所建设，极大地提高了学院实践教学能力；以学生为主体，做到教中学，学中做，做中学，让学生走出课堂，走向社会，在不断的实践中掌握知识。他先后与中铝东南铜业有限公司、中铝西南铝业有限责任公司、歌尔股份有限公司、山东恒邦冶炼有限公司、海尔集团等 180 多家知名企业签订校企合作协议书，新建校外实习基地 140 余个，为各专业学生提供了充足的实习岗位和在知名企业锻炼的机会，逐步改变了学院职业教育的培养模式，让每个学生都有人生出彩的机会。他推行"三维育人"教学模式，注重学生职业精神与职业素养、创新创业能力、工匠精神和精益求精习惯的培养，努力培养高素质的技术技能人才，编写了《大学生职业精神教程》《大学生职业精神实训教程》《安全职业素养教育》《班组长基层管理》《成本控制与标准化管理》《榜样的力量》等教材。

他主持了山东铝业公司国家级职业技能鉴定所和有色金属行业特有工种鉴定站的申建工作。山东铝业公司国家级职业技能鉴定所于 1997 年挂牌成立，成为仅有的三家国家级职业技能鉴定所之一；有色金属行业特有工种鉴定站于 2003 年挂牌成立，成为山东省唯一一家有色金属行业特有工种鉴定站。他主持编写了《山东铝业公司技能鉴定工作制度和岗位职责》，组织编写了《氧化铝制取工》《铝电解工》和《金属挤压工》三大特有职业 21 个工种的鉴定培训教材，填补了有色金属行业鉴定培训教材的空白。他领导学院老师组织了几十个职业的约 2 万名学生和 1.9 万名员工参加鉴定考试，并为 3.2 万名合格者颁发了国家职业资格证书，鉴定合格率为 82%，为公司节约鉴定费用 800 多万元，实现了学院学历证书与职业资格证"双证"毕业目标，也为各类技术技能人才搭建了一条职业生涯成长通道。

他有一个梦想，就是广招天下之英才而育之。在招生工作中，他不辞劳苦，做出了突出贡献，为学院大跨步发展奠定了良好的基础。郝雷教授 2019 年被评为"山东铝业有限公司劳动模范"，2021 年被评为"山东铝业有限公司优秀共产党员"，先后荣获省、行业"优秀工作者"荣誉称号 10 余次。

从郝雷教授的职业道路和奋斗过程可以看到：准确地认识自我，做好定位，是人生成功的第一步；专业过硬，不断学习，是实现自我突破的关键；做自己喜欢的事，成为自己想要成为的人，是发挥自身潜能的动力。大道至简，认识自我，学好专业，莫忘初心，衍化至繁。

任务二　专业牛人竞赛

【知识目标】了解专业成功人士的成长过程和心路历程。
【能力目标】掌握一到两种专业学习和实践的方法。
【素质目标】学习专业牛人的优秀品质，树立成为专业牛人的志向。

教学目标

德育引领

2022年，在法国举办的世界技能大赛（World Skills Competition）特别赛中，中国代表团取得了优异的成绩。其中，浙江一位"00后"选手获得了抹灰和隔墙的项目金牌，至此他帮中国实现了在该项目上金牌"零"的突破！这位来自浙江的"00后"选手叫马宏达。干抹灰和隔墙这种瓦工活也能干出世界冠军，是不是有点儿不可思议？千真万确！大家可以上网查询，看看到底是不是这么一回事。据悉，世界技能大赛是最高层级的世界性职业技能赛事，由世界技能组织举办。这项赛事被誉为"世界技能的奥林匹克"，每两年举办一次，2022年这一届是第46届，比赛项目共分为6个大类，分别为结构与建筑技术、创意艺术和时尚、信息与通信技术、制造与工程技术、社会与个人服务、运输与物流，一共有46个竞赛项目。值得注意的是，许多项目对参赛者的年龄都有严格

马宏达参加比赛

要求，大多数项目都不允许参赛者超过25岁。所以，在这样的世界级比赛中获得金牌不是一件容易的事情，而来自中国浙江的"00后"小伙马宏达做到了。也许你也能！

知识讲堂

俗话说:"三百六十行,行行出状元。"各行各业,各种技术能手、各种技艺高手、各种艺术大师等掌握了一技之长的人,可以说是多如牛毛。这句话说明人生价值最终要通过自己所从事的事业体现出来,无论从事什么行业,即使这个行业很简单、很平凡,也是可以做出成绩的。只要在自己擅长的行业里能够做到持续深耕,不断积累,领悟其中深刻的道理和运行逻辑,掌握其中最顶尖的技能,你们就能成为自己行业的状元。

既然选择了这条路,就要专心学习,练好自己的特长。至于选择的是什么已经不重要了,重要的是怎样开创自己的一片天地。随着时代的发展,职场对职业人的要求越来越高,企业更需要综合型人才,即精通一技、掌握多技的人才。也就是说,我们不仅要把自己原本拥有的那一技练熟练精,还要适当地增加自己的技能,能够掌握多种技能。所谓"技多不压身",多掌握一门技艺,就是给自己多开一扇成功之门。只有掌握好知识和技能,才能改变我们的命运。凭着一身薄技,我们低则可以养家糊口、维持生计,高则可以发家致富、利国利民。

学长经验

张冬悦:建议师弟师妹们选择继续努力学习,尤其是在大一这种打基础的阶段。在我看来,无论是毕业后直接参加工作还是继续深造,优秀的学习成绩都是十分重要的。而且,相对于对知识本身的学习,更重要的是学习思想方法、提升能力(尤其是批判性思维能力以及解决问题的能力),正如查理·芒格所言:"只有学习了学习的方法之后才能进步。"

韩安然:刚上大一的时候,刚摆脱高中的束缚,我对一切都充满好奇,参加学生会实践部,拉赞助,组织班级活动,每天都在忙,也有所谓的充实,但是并没有意识到学习的重要性。大一上学期期末考试,两三门功课都是刚刚及格,可是并没有刺激到我,因为那时候的我还是在想"大学,学习不重要"。大一下学期算是我整个大学生涯的转折点,开学后的评优,我因为一名之差没有评上。这确实戳中了我的痛点。为什么别人忙社团的同时,学习成绩也很好,我就不可以呢?我真的比别人差吗?大学真的不用学习吗?从那时候起,我就开始制订计划,确定哪些能力是需要长期培养的,哪些方面是可以短期突破的。规划好以后,无论冬夏,每天早上6点起床,去水上餐厅三楼背英语,练习发音;白天几乎不回宿舍,晚上10点左右回宿舍。在下学期的话剧节中,我们班获得了第一名的好成绩;期末考试时,我的成绩排到了班级第二名。后来我一次性通过了英语四、六级考试,会计从业资格考试,初级会计考试,计算机二级考试。证书虽然不能完全体现能力,却是别人认识和了解我的重要途径。与此同时,我一直在练习英语口语,把它当作爱好。读英语的习惯一直贯穿我的大学生活,哪怕在工作以后,我也会经常阅读英语相关的书籍。认真是一种习惯,平日的积累并不仅仅是为了考试,还是为了自身更好地成长,学习不能太具有功利性,任何积累都是有用的。形成认真的习惯以后,戒掉很难。毕业以后,我来到地铁公司,在各方面都很认真。但是,我还是想继续追逐我的"教师梦",定下来以后,我一次性通过了教师资格考试,凭借较好的英语口语和英语积累来到新东方担任初中英语教师。我的工作与会计并不相关,可我并不后悔和遗憾,因为在会计专业学习这三年,我的确形成了良好的学习习惯,也开阔了眼界。没有这三年的积累,我就没有办法追逐自己的梦想。只有慢慢沉淀,才会厚积薄发,才会拥有选择的权利。学弟学妹们,一起加油吧,努力一定会有回报!

教师点评

学习依然是大学生活的主要任务,无论是学习专业课还是学习课外知识。我们不是知识的存储器,要学懂学精,掌握真才实学,练真本领,做实干家。学习成绩是大学期间各类评奖评优最核心的硬件条件之一。平时学懂学通专业知识,未来深造备考也会事半功倍。成绩单对于用人单位而言,不仅仅证明求职者具有较高的专业素养,还说明求职者在大学自由学习的环境中能够自律自强。学习能力出众,这是用人单位最为看重的。

探索与训练

第一步,专业牛人介绍

教师播放准备的专业人物传记或者影片,展示本专业的优秀毕业生。

专业牛人"研磨大师"魏红权

第二步,专业牛人推荐

全班同学分小组讨论,列举自己了解的本专业的优秀人物,每小组评选或推荐一人讲述本小组推荐的专业牛人。(可以进行角色扮演,演绎专业牛人小故事)

第三步,牛人"牛"在哪里

综合以上牛人,分小组讨论专业牛人具备的特点,填写专业牛人分析表(见表1-2)。

表1-2 专业牛人分析表

牛人姓名	专业度	牛人具备的专业素养	牛人最"牛"点	牛人最值得我学习的地方

注:专业度需根据自我感觉进行判断,满分为10分。

专业牛人成功金字塔如图1-3所示。

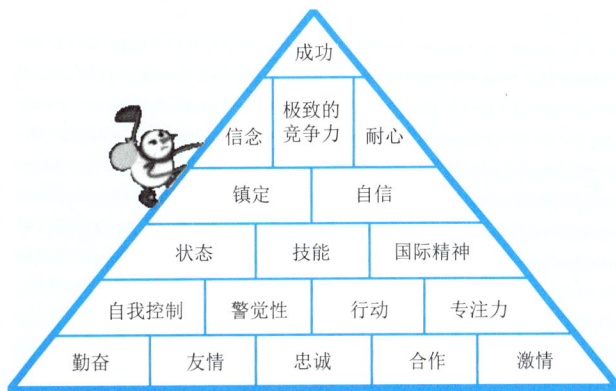

图1-3 专业牛人成功金字塔

写出牛人学习或者做事过程中让你们佩服的方法,并落实到自己的学习和生活中。

小 结

本环节基于对专业成功人士的认识和分析,引导同学们对专业需要的基本素养进行思考,使同学们更加明确专业发展方向,从而激发学习动力。

👍 榜样人物

专业方出牛人，牛人不分专业

辛杰，山东铝业职业学院 2011 级计算机信息管理专业学生，在校期间成绩优良，专业知识扎实，应用能力强，曾荣获淄博市计算机程序设计大赛第一名，现在为北京中视广信科技有限公司前端工程师。

刘龙，2008 年 9 月进入山东铝业职业学院经济管理系会计电算化专业学习，在校期间担任班长、院学生会干事等职务；2010 年 9 月进入鲁南制药集团市场部工作；2016 年担任集团浙江义乌独立片片长；2017 年担任集团浙江义乌片区主任，当年个人销售额 400 万元，成为销售冠军。前后获得集团一级功勋 3 次、二级金质奖章 5 次，并获得住房、奖金等奖励。

各专业都有牛人，牛人不分专业。

任务三　树立专业理想

教学目标

【知识目标】◎了解专业理想的内涵。

◎了解所学专业的前景。

【能力目标】◎制订所学专业的规划。

◎撰写简单的专业前景报告。

【素质目标】◎通过训练，了解专业特点并树立专业理想。

◎端正学习态度，脚踏实地，落实专业规划。

德育引领

2020年，陈恒进入中国科学院深圳先进技术研究院，成为"深圳合成生物研究重大科技基础设施"项目的一位电气工程师。从一名深圳技师学院毕业生到一位电气工程师，这条道路陈恒只走了3年。在执着追求专业理想的前提下，凭借出色的专业技术和持之以恒的学习劲头，陈恒用自己真实的经历书写了一段技能成才的励志故事。

2015年，陈恒考入深圳技师学院的中德智造学院，学习电气自动化和工业机器人专业。进入学校后，陈恒一直紧绷"精益求精"的弦，不断地在专业上追求突破。他的努力被老师看在眼里，2017年他被推荐代表学校参加中国技能大赛"全国智能制造应用技术技能大赛"的切削加工智能制造单元生产与管控项目和"华中数控杯"机器人装调与智能加工单元应用大赛。"集训的一个多月里，我除了上专业课，就是和队友待在生产车间抓紧练习，每天从早上7点30分开始，一直练到晚上9点结束。"功夫不负有心人，陈恒在两个大赛上均斩获一等奖。

作为一位电气自动化工程师，陈恒负责各个实验平台电气系统的建设和维护，并利用自己的专业技能帮助科研人员研究用机械替代人工实验的手段。可以说，陈恒的工作就是应用工程化手段不断地帮助科研人员发现问题、解决问题，同时把科研成果应用到技术创新之中。

"电气这个行业做得好就是一辈子的事业，做不好就是一阵子的事。"这是陈恒经常挂在嘴边的一句话。"我计划考取注册电气工程师资格证，进一步提升自己的专业水平。我没想过自己会走上科研的道路，但是既然选择了这个方向，我就会坚定地走下去。"陈恒说。

陈恒在实验室

知识讲堂

一、专业理想的界定

1.专业理想与职业理想的区别

专业理想，是指建立在现实可行性基础之上，对专业知识和娴熟技能的追求与向往。

职业理想，是指人们对未来职业表现出来的一种强烈的追求和向往，是人们对未来职业生活的构想和规划。

专业理想和职业理想的区别在于，专业理想是所学专业本身的追求，职业理想是学以致用的追求。拿法律专业来说，专业理想是对法律条文、内涵理解的准确程度达到某部门法的熟练操作水平，而职业理想是对律师、公务员、法律顾问等职业岗位的追求。由此可以看出，专业理想其实是职业理想实现的基础和前提。虽然专业是职业的基础保证，但是社会经济的发展容易导致学习者心态失衡，寻求工作岗位时急功近利，仅以职业理想作为发展目标，忽视树立专业理想，从而导致职业无依托，产生学习与就业的矛盾。

2.专业理想的特征

第一，以专业基础理论的准确掌握为根本。无论是本科生还是专科生，专业素养的基本要求都是对基础知识的准确掌握,这是专业理想树立的根本所在。

第二,以专业知识的灵活运用为目标。刻板教育已经阻碍青年学生的创新发展,因此同学们要注意在学习环节、实践环节中将灵活运用作为目标,使自己有实践性、操作性的能力积累。

第三,将理论知识与专业技能有机结合。在不影响学习的前提下,应将理论知识与专业技能有机结合,避免理论的枯燥乏味,也避免理论无用武之地。

第四,能够在专业领域取得一定的成绩。任何一个专业都有其博大精深之处,在确立学业目标时,应注重该知识领域的精深之处,使自己达到一定的高度。

二、专业理想的树立

在枯燥的学习过程中,由于种种原因,很多学生容易失去学习兴趣,导致厌学、学业荒废等,因此树立正确的专业理想,提升专业学习兴趣很有必要。

1. 强化专业特色及优势

虽然复合型人才是社会所需,但专业造诣较高的学生更容易受到对口企业的关注。因此,专业学习的特色性、精深性、多样性的加强也是很有必要的。

2. 树立专业理想

要将学习目标精细化并落实为可行性目标,使自己的短期目标和长期目标有效结合,树立创新型专业理想。例如,会计专业的学生分为就业导向和研究导向两类。需要就业的学生,在学好基础知识的前提下,明确大一时应该使自己具备出纳的工作能力;大二时应该具备初级会计师的专业能力;毕业时应该具备企业会计主管级别的业务能力,并获得相应的资质。研究导向的学生,大一时应该实现多重性理论知识积累目标;大二时将新理论拓展为目标,结合国内外先进理论和自身实务需求提出浅显的理论研究成果;毕业时能书写研究报告、开发会计软件或在省内甚至国内的专业赛事中取得一定的成绩。由此可见,不同类型的学生在确定专业理想之后,学习和实践计划是不同的。

3. 提升专业技能

不能完全进入社会后再提升专业技能,在校期间就应注重专业技能的提升。要有明确的专业目标,充分发挥自身潜能,提升专业能力。前些年流行的网游"三国杀"本来是某高校学生的毕业设计作品,后来带来了巨大的商业利润。因此,在校生凭借专业技能的积累完全有能力创新,达到一定的专业水平。专业理想的树立就是学生给自己的专业技能水平定一个目标。

三、专业理想实现的保障

1.多与教师沟通交流,接受专业教师的有效指导

学生专业理想的树立,必须有相关专业教师潜心指导。专业教师除教授理论知识外,实务领域(包括社会需求、经验、创新思路等)也应有所涉及。

2.提升专业技能的实用性、前瞻性

专业理想,学生除有兴趣外,还必须学以致用,并得到行业的认可。学生失去专业兴趣,除自身主观原因外,就业前景差、层次低是一个客观因素。就业没有绝对的好与坏,重要的是明白专业的精深度对本行业就业的重要性,即便是通常认为的层次较低的就业,也有精准的专业需求。

3.关注专业群的知识拓展

入学时许多学生在专业选择上存在盲从性,入学后才对某一方面产生兴趣,但诸多专业并不是孤立存在的,可能有学生改变兴趣,倾向于学习其他专业,自学考取其他专业的资格证书。例如,建筑工程、工程造价、工程监理、物业管理等专业的核心课程并不相同,但是专业之间又具有一定的关联性,因此对本专业失去兴趣的学生可在专业群或者兴趣领域寻找适合自身发展的方向。

探索与训练

第一步,制订专业学习和发展规划

了解专业学习内容,制订专业学习和发展规划,填好表1-3。

表1-3 专业规划表

阶段	规划目标
大一学年	
大二学年	
大三学年	
毕业两年	

第二步,了解专业前景

根据专业人士的成功经验和课前准备,按照表1-4的提示,分小组讨论专业发展的方向,撰写专业前景报告。

表1-4 专业前景报告分析表

个人信息	班级：		姓名：		性别：
	学号：		专业：		
专业目标确定	专业目标				
	理想职业				
	榜样人物				
必备专业知识					
基本素养	学历要求				
	时间限制				
	经验要求				
	能力要求				
	素质要求				
实现目标的行动计划、学院学习	第一学期				
	第二学期				
	第三学期				
	第四学期				
工作初期的专业准备（3～5年）					
工作中期的专业探索（6～10年）					
专业成长与发展（10年以后）					

　　专业前景报告包括专业概述、专业发展分析、专业前景和个人在专业发展中的作用四部分。专业概述包括专业的定义及分类、行业特性、专业现状和就业情况等。专业发展分析包括经济环境分析、政策环境分析、社会环境分析和技术环境分析等。专业前景

包括全球格局动态和中国格局动态。

第三步,发布专业前景报告

每小组选择一个发布人发布专业前景报告。

小 结

本环节基于对专业学习内容的讲解,帮助同学们自我制订规划,研究专业前景,明确专业发展方向,并树立专业理想。

典型示范

特色专业育人才

山东铝业职业学院商学院会计专业,是学院 39 个专业中比较强的专业,是省级特色专业。该专业自成立以来,为社会培养了数千名优秀的会计专业人才,他们奋战在社会的各行各业,为国家建设做出了突出的贡献。

温乐乐,2005 届毕业生,于 2005 年 7 月进入淄博齐林傅山钢铁有限公司财务部工作,3 年内熟练掌握了成本、报表、外贸退税等业务核算,成长为财务部的业务骨干。2009 年 4 月,他通过招聘进入中粮集团,现任分公司财务主管。

王佳纯,2006 级会计电算化专业学生,2009 届省级优秀毕业生,在校期间曾担任团支书、系宣传部干事、院广播站主持人、院学生会主席,多次荣获"学院优秀学生干部""优秀团员"称号。他积极参加各类活动,获得商务礼仪大赛一等奖、演讲比赛二等奖、淄博市朗诵比赛二等奖,荣获"淄博市大学生文艺汇演优秀主持人"称号。2008 年 7 月,他到山东恒邦冶炼股份有限公司实习,因表现出色,实习期未结束便被调到新项目办公室工作,后到财务部工作。又因表现出色,于 2008 年 3 月被调到集团公司办公室从事董事会文书兼任集团记者。2011 年 3 月,调任房地产开发有限公司办公室主任。

姚彩凤,2009 届优秀毕业生,在校期间学习认真,工作负责,多次策划和组织院系ERP(企业资源计划系统)沙盘模拟经营大赛。于 2009 年 5 月进入金汉斯济南公司财务科工作。工作期间,爱岗敬业,业绩优良,被公司多次推举为"阳光新锐人物"和"年度优秀员工";2011 年,被提拔为储备财务经理;2012 年,被正式任命为金汉斯餐饮有限公司淄博分公司财务经理。

项目二
明确职业发展

项目引言

职业与社会个体密切相关。职业生涯规划是每个人都必须面对的一个问题，它涉及个人职业生涯的方向、目标以及实现途径等方面。在瞬息万变的现代社会，如果没有一个明确的职业生涯规划，个人很容易迷失方向，最终失去前进的机会。因此，如何规划自身的职业发展方向是每个人都需要深入思考的问题。职业的选择与发展是有规律可循的，了解和掌握职业生涯规划基础知识是正确制订职业生涯规划乃至成功择业的基础条件。

本项目通过职业生涯认知、职业目标锚定、职业生涯规划的制定方法等内容，使同学们了解并掌握 SWOT 分析法、SMART 原则、职业锚理论、生涯幻游技术、归零思考法，并能够初步对自己的职业生涯进行规划。

任务一　认识职业生涯

<table>
<tr><td rowspan="3">教学目标</td><td>【知识目标】了解职业生涯的含义、特点与发展趋势。</td></tr>
<tr><td>【能力目标】明白职业生涯不同阶段的侧重点。</td></tr>
<tr><td>【素质目标】倡导"我的生涯我做主"，努力成为有理想、敢担当、能吃苦、肯奋斗的青年人才。</td></tr>
</table>

德育引领

　　小时候都会被问及长大以后要做什么，那是一种原始生涯观念的建立。有的来自父母的影响，有的来自天马行空的想象，我们可以将其叫作生涯幻想。职业生涯，其实不是一个简单的岗位或职位概念，而是一个持续发展的个人价值和社会价值交换与认可的过程。实现这个过程的方式，主要是通过职业（这里包含了被雇用、自雇用、独立工作，以及创业等多种工作形态）。

　　习近平总书记在党的二十大报告中指出："广大青年要坚定不移听党话、跟党走，怀抱梦想又脚踏实地，敢想敢为又善作善成，立志做有理想、敢担当、能吃苦、肯奋斗的新时代好青年，让青春在全面建设社会主义现代化国家的火热实践中绽放绚丽之花。"因此，在设计和规划职业生涯的时候，一定要把这件事情当成自己的事情。在提到职业生涯的时候，大多数同学的表情分为两种。一种是怠慢——这还需要我操心？另一种是无奈——我再怎么操心恐怕也没什么用。其实不然，当下的职业生涯已经不再是"跟团游"模式，而是"自驾游"模式。我们需要了解自己，了解行业，了解组织并且灵活地调整自己对工作和回报的预期，这样才能在未来不断变化的环境中做到适者生存。提倡"我的生涯我做主"的积极主动的职业态度，呼吁每个人都承担自己职业发展的责任，抛开社会、他人强加在自己身上的各种标签和符号，倾听自己的内心，树立正确的价值观，找到自己的使命，了解自己的优势与不足，扬长避短，制定自己的职业发展战略，不懈地追求自己的职业理想。

生涯我做主。

职业生涯已经不再是"跟团游"模式,而是"自驾游"模式

知识讲堂

一、职业和职业生涯的含义

1.职业和职业的含义

职业包含四层含义:第一,并不是任何工作都可以称为职业,一项工作只有变得有意义、内容足够丰富以至于吸引劳动者长期稳定地投入才能成为职业;第二,劳动者通过从事职业活动能够获得一定的收入来满足物质生活的需求,同时满足自身的精神需求;第三,劳动者在职业生活中可以展现自身才能,并使个人特长得以发挥;第四,职业是社会分工的产物,是劳动者获得的社会角色,劳动者借此参与社会劳动,承担自己在社会分工中应尽的职责和应履行的义务。

对于职业的合理界定应当包括从事职业的主体、职业的对象、个体及其社会功能所经历的时限、职业性质等要素。本书将职业定义为:职业是指具备劳动能力的社会个体利用自身的知识与技能,从事社会生产或者服务,为社会创造物质财富和精神财富,并获得相应的报酬,以满足自身的物质需求和精神需求的一种持续性社会活动。

2.职业的功能

(1)职业是社会个体获取经济来源的主要途径,从而满足个体的基本生存需求。

马斯洛认为生理上的需要是人类维持自身生存的最基本的需求,包括饥、渴、衣、住、行等方面的需求。如果最基本的需求得不到满足,人类的生存就成问题。从这个意义上说,生理需要是推动个体行动的最强大的动力。职业活动收入是个体的主要经济来源。职业作为个体直接参与社会生活、从事社会实践的主要途径,为个体提供了个人生存和维持家庭开支的物质基础,并在此基础上实现了个体发展和种族繁衍。

(2)职业是个体参与社会交往的重要手段,使个体从中获得社会尊重。

个体在社会生活中有感情需要和尊重需要。在感情需要方面,人们都需要朋友、同事、家人之间的友谊、合作与关爱,希望成为社会群体中的一员,可以得到关心与照顾。在尊重需要方面,人们希望拥有稳定的社会地位,个人能力和成就能得到社会承认。感情需要和尊重需要是比生存层次更高的需要,是个体热切追逐的目标,也是激励个体发挥潜能的巨大动力。通过从事职业,个体可以与他人交往,并在交往中获得他人的认可。如果尊重需要得到满足,就能使个体对自己充满信心,对社会充满热情,进而体验人生的意义与价值。

(3)职业是个体实现自我价值的必要载体,是个体奉献社会的重要途径。

自我价值的实现是最高层次的需要,它指的是实现个人理想,最大限度地发挥个体能力,完成与自身能力相对应的理想目标。职业是个体发挥能力的重要载体,是个体在社会中生存与发展的重要手段,个体需要通过职业参与到社会劳动分工中,并在追求自我实现和发展的同时为社会发展做出贡献。

拓展实例

李开复:职业理想不等于高薪

很多求职者当被问到职业理想的时候,给出的答案往往是:月薪过万,或者进入全球500强企业。月薪过万、进入全球500强企业就是职业理想吗?

我们常认为,理想就是获得某些物质利益,如金钱、名誉或者地位。而这又基于一种心理定式,那就是我必须有钱才能快乐。我的一位同事,在认为自己赚够了钱之后,就去享受他的环球旅行了。当时他才30多岁,然而几个月以后,他发现自己当时的决定是错误的,他虽然不用担心温饱问题,但并不快乐。因为真正的快乐来自工作的过程,而不是由它获得的报酬。所以,在树立职业理想时,要考虑到这个前提——高薪并不等于职业理想。我们的生命的价值不在于拥有多少钱,而在于从事什么样的职业,做了多少有意义的工作。还有一些研究告诉我们,那些追求理想的人,在多年以后比那些只追求金钱的人会得到更多的精神与物质财富。

从我个人的经历来看,树立职业理想时更应注重自己的兴趣、成就感。当初我从微软离开,就是因为发现自己只是一台机器上的一个零件,工作激情逐渐消退。于是,我想自己该接受另一个挑战,在Google(谷歌)这个富有创意的团队里,我看到了自我价值,这更符合我的职业理想。

所以,我希望所有的求职者都记住一句话,事业比金钱更重要,机会比安稳更重要,未来比今天更重要。

3.职业生涯的含义

每个人从找到第一份工作开始，一直到退出职场，这段个体生命中最重要的历程就是职业生涯。职业生涯是指个体的职业角色发展的历程，它是一个复杂的概念，由时间、范围和深度构成。时间是指人们一生中不同的阶段，范围是指人们一生中所扮演的不同职业角色的数量，深度是指人们对一种职业角色的投入程度。职业生涯又称职业发展，简单地说，就是一个人一生连续从事的工作行业和工作职务的发展道路，就是一个人的终生职业经历，包括就业形态、工作经历以及与职业相关的活动等。

确定职业生涯

职业生涯分为外职业生涯和内职业生涯两种。外职业生涯主要是指从事职业时的工作单位、工作内容、工作职务、工作环境、工资待遇等因素的组合及其变化过程；内职业生涯主要是指从事一项职业时所具备的知识、观念、心理素质、能力、内心感受等因素的组合及其变化过程。外职业生涯的因素通常由别人决定、给予，也容易被别人否定、剥夺；内职业生涯的因素主要靠自己探索获得，并且不随外职业生涯因素的改变而丧失。因此，在职业生涯的各个阶段，都应重视内职业生涯的发展，尤其是在职业生涯早期和中期，一定要把对内职业生涯各因素的追求放在首位。

移动互联网、大数据、云计算、人工智能等技术的不断创新和突破，使世界发生了巨变，镶嵌在组织中、团队中、工作中的个人职业生涯必然要被重新定义。职业生涯以一份工作为前提，以一个具体的岗位为坐标，以一个组织为平台，以整个社会为背景，随着时间的推移，个人职业生涯的轨迹就开始显现。虽然个体是职业生涯的主角，但社会、组织、团队、工作的发展变化势必会引起个体职业生涯的变化。

二、职业生涯的特性

职业生涯是一个人依据确立的长期目标所形成的一系列工作选择，以及相关的教育

或培训活动,是有计划的职业发展历程。一个人的职业生涯具有以下特性:

1. 独特性

每个人都有自己的职业条件,有自己的职业理想和职业选择,有为实现自己职业理想所做的种种不同的努力,因此每个人都有着与别人相区别的、独特的职业生涯经历。

2. 发展性

每个人的职业生涯都是一个发展、演进、迭代的动态过程,但这个发展性也会被意外事件打断,出现暂时的停滞。

3. 阶段性

每个人的职业生涯过程都有不同的发展阶段,可以分为不同的时期。人们在不同的职业生涯阶段有着不同的目标和任务,职业生涯各阶段之间具有递进性。孔子曰:"吾十有五而志于学,三十而立,四十不惑,五十而知天命,六十而耳顺,七十而从心所欲,不逾矩。"可以看出,人们在不同的年龄阶段,在不同的职业生涯阶段,所要完成的任务是不同的。

4. 终生性

每个人的职业生涯作为一个动态的发展过程,是根据个人在不同阶段的诉求而不断发展变化直至终生的。我国有望正式实施延迟退休政策,职业生涯终生性的特性将更加明显。

5. 整合性

由于从事的工作或职业往往决定一个人的生活状态,而且职业与生活两者之间又很难区分,因此职业生涯具有整合性,涵盖了人生整体发展的各个层面,而非仅仅局限于工作或职位。也可以这么说,职业改变了人们,人们也改变了自己的职业。

6. 互动性

人们的职业生涯是个人与自己、个人与他人、个人与家族、个人与环境、个人与社会互动的结果。一个人的自我观念和主观能动性,以及所掌握的社会职业信息、职业决策技术,对于职业生涯都有重要影响。

三、职业生涯的发展趋势

当代人的职业生涯发展趋势表现出三个特点:从稳定型到无边界流动;从生存型到自我实现型;从单一化职业发展路径到多元

舒伯的生涯彩虹图

化职业发展路径。

现代社会是多种职业生涯模式和路径并存的。对个人而言,社会提供多种职业生涯的路径可供选择,可以一条道路走到底,也可以中途不断变换路线。职业生涯的多元化,大大扩展了人们职业选择的空间和自由度。认清职业生涯发展趋势,有益于同学们增强学习的紧迫感,为踏上职业之路做好准备。

探索与训练

第一步,访谈职业人士,了解职业生涯各阶段

全班同学分小组访谈身边的职业人士,了解职业生涯各阶段。活动结束后,请小组负责人介绍访谈过程,以及被访谈人的经历。小组讨论被访谈人的职业生涯经历了几个发展阶段。

第二步,观看视频,讨论职业生涯的不同

(1)观看《大国工匠》。

《大国工匠》是央视新闻推出的系列节目,讲述了不同岗位的劳动者用自己灵巧的双手匠心筑梦的故事。

"问渠那得清如许?为有源头活水来。"人的心灵深处一旦有了源源流淌的"活水",便有了创业创造、建功建树的不竭"源泉",我们称其为"成功之源"。这个"成功之源"就是爱岗精神、敬业自觉。

(2)观看袁隆平访谈片。

袁隆平是中国杂交水稻事业的开创者,50多年来始终在农业科研第一线辛勤耕耘、苦苦追求、不懈探索,为人类运用科技手段战胜饥饿带来绿色的希望和金色的收获。先生的杰出成就不仅属于中国,还影响世界;不仅为解决中国人民的温饱和保障国家粮食安全做出了贡献,还为世界和平和社会进步树立了丰碑。

请同学们讨论一下上面两个视频中的人为何职业生涯不同。

第三步,总结

请同学们从时间上将其中一个人的职业生涯进行分段并标出他在职业生涯不同阶段的成就或成果。可以参考表2-1从时间层面上将职业生涯分为四个阶段,也可以有自己的见解。

表 2-1 职业生涯的四个阶段

阶段	年限	目标
职业准备期	求学阶段	了解要培养哪些能力,考取什么证书,进行什么社会实践,做好准备
职业探索期	3~5 年	积累工作经验,掌握工作技能,提高职业素养,了解自身的优缺点,对职业方向进行矫正或合理的调整,探索自己最适合做什么工作
职业发展期	5~10 年	不断实践提高,发挥自身能力做出一番成就,寻求突破和职务晋升
事业开拓期	10~15 年	工作经验和能力达到最佳状态,实现终极职业目标

小 结

　　本环节基于对他人工作经历的访谈、观察和分析,使同学们了解什么是职业生涯以及其特点和发展趋势,认识职业生涯的不同阶段,思考自己需要做的准备。

榜样人物

"双奥"导演张艺谋的职业生涯

　　张艺谋 1968 年初中毕业后,在陕西乾县农村插队劳动,后在陕西咸阳国棉八厂当工人。1978 年进入北京电影学院摄影系学习。1982 年毕业后任广西电影制片厂摄影师。1984 年作为摄影师拍摄了影片《黄土地》,该影片 1985 年获第五届中国电影金鸡奖最佳摄影奖,随后又获法国第七届南特三大洲国际电影节最佳摄影奖、第五届夏威夷国际电影节东方人柯达优秀制片技术奖。1986 年主演影片《老井》,因为该影片,同年获第二届东京国际电影节最佳男演员奖,1988 年获第八届中国电影金鸡奖最佳男主角奖、第十一届电影百花奖最佳男演员奖。1987 年,导演电影《红高粱》,该电影 1988 年获中国电影金鸡奖、百花奖最佳故事片奖以及西柏林国际电影节最佳故事片金熊奖等国内外大奖,奠定了张艺谋优秀导演的地位。2022 年,随着北京冬奥会的成功闭幕,作为"双奥"导演的张艺谋成为中国艺术界不容易超越的一座高峰。

　　反观张艺谋的个人职业发展轨迹:插队劳动的农民—工人—学生—摄影师—演员—导演,一次次职业跳跃和转型使他最终成为一个国宝级导演。

生涯准备期关键词:定位、积累

　　特殊的历史环境使得年轻时的张艺谋未能上高中就插队当了农民和工人,当时很多人和他一样没有选择,但像他一样坚持自己梦想的却不多。1978 年,张艺谋在 27 岁的高龄终于有机会去学习自己心爱的技术——摄影,为自己未来的转型进行了积累。

生涯转型期关键词:学习、坚持

重新进入课堂学习后,张艺谋做起了摄影,虽然他的志向是导演,但他显然十分清楚自己要做什么。这个时候的他仍在学习,不是在课堂上学习,而是在实践中学习。当时,他拍摄的很多片子都是与当时已经很有名气的导演陈凯歌合作的,他做摄影师获奖的那部影片《黄土地》就是陈凯歌导演的。

乍一进入某个不太熟悉的领域,谁都会有些不适应。因此,转型前应该做充分的准备,把这种不适应降到最低,从而促成转型成功。比如,进入一个陌生的领域,首先要找个好师傅,这是十分必要的。师傅不仅能够教授业务知识,还可以让我们看清新行业的"门槛"。其次就是寻找一个好榜样。转型后我们该怎么发展、怎么进步,最初可能有些摸不着头脑。我们可以寻找一个榜样,分析他的成功轨迹,把每一个标准予以细分,做一个长期规划和短期规划。很多人没有这样的规划,只喜欢自己瞎摸索,结果绕了很大的圈子才走上正确的道路。

生涯冲刺期关键词:试错、准备

在《黄土地》获奖后,张艺谋有两个选择,一是继续做一个已经很成功的摄影师,二是转型做导演。然而意料之外,他选择做一名演员,并且也获得了一定的成功,这实在是最明智的选择,因为要做导演,特别是要成为较有建树的导演,当然最好能亲身体验做演员的感受,这样才能在拍片的时候和演员们配合默契。也许,这也是张艺谋拍片每每能获得成功的一个缘由吧!

生涯发展期关键词:突破、进步

《红高粱》成功以后,张艺谋拍了一段时间的文艺片,在大家都熟悉了他的名字以后,张艺谋敏锐地捕捉到了商业片的市场价值,根据中国电影市场的需求,他开始转向商业大片,并一直延续到现在。一部部片子和奥运会开闭幕式证明,张艺谋是一个全能型导演,更是中国电影界的一面旗帜。

任务二　锚定职业目标

教学目标

【知识目标】◎认知职业锚。

◎了解 SMART 原则和 SWOT 分析法。

【能力目标】运用 SMART 原则和 SWOT 分析法进行职业锚定。

【素质目标】初步形成并确立短期职业目标,养成自强、自律的学习和生活习惯。

德育引领

2016 年 9 月,张远考入山东铝业职业学院,一开始他对学校的生活充满了憧憬,后来他发现自己所处的环境没有学习氛围,但他不想做一个被身边的人影响的人,他要做一个影响别人的人,他知道自己要做什么。他认为,在同一个环境里,努力的人和不努力的人最后所达到的高度是不一样的。课余时间别人在打游戏、看电视剧、谈恋爱,张远却在自学他喜欢的 UG 建模编程。从网上购买的建模和编程的教学视频有 240 节课,张远 15 天就学完了。在学习编程的过程中,他在笔记本上用自己的

张远在为山东铝业职业学院的大学生做职业精神宣讲

话写总结,写完再做一个电子版的,足足积累了 2 万多字。大一第一学期,学校组织学生参加全国起重机技能大赛,张远知道后,果断地报了名。当时张远只使用过几次起重机,稍微了解一些,但是他不愿意放过这样学习和锻炼的机会。在备赛阶段,张远先搞清楚了电路原理,然后找技巧,自习课上画电路图,中餐和晚餐都是在实训室里解决的。经过一个月的培训,张远获得了一等奖,此时的他更加坚定自己的选择是正确的。从此之后,张远开始了他精彩的大学生活,更加努力地学习和实践,参加学校的技能比武,获得钳工

赛项第一名；大二时参加了山东省智能机器人技能大赛，获得了一等奖……后来，张远留校当了老师，继续指导学生实现梦想。

大学是职业生涯规划的准备期和选择期，要尽快锚定职业目标，利用大好时光做好准备。只有这样，当机会来临时，才能结合自己的情况做出正确的选择。没有人会为我们荒废的时光负责，却有人为我们努力的岁月喝彩。最初，每个人的起点都是一样的，最终的差距源于每一天的自律和勤奋。

知识讲堂

一、职业锚

确定职业生涯目标是以深刻认识自己和社会为前提的。深刻认识自己是指对自己的职业志向、爱好、专业知识积累等进行了全方位的了解和审视，使自己确定的职业生涯目标与自己内心的职业发展期望相吻合。职业锚是了解自我并进行职业定位的工具，源于美国社会心理学家埃德加·沙因教授对麻省理工学院斯隆管理学院 44 名研究生长达 10 多年的追踪研究。沙因教授发现，随着一个人工作经验的积累，他对自我的认知会越来越深刻、客观、全面，逐步认识到自己喜欢什么（兴趣）、擅长什么（能力、技能）、看重什么（价值观），这几方面整合成一个人的自我概念，成为其在面对职业选择时无论如何都不会放弃的东西，他称其为一个人的职业锚。沙因教授发现了 8 大职业锚，分别是管理型、技术/职能型、创造/创业型、自主/独立型、安全/稳定型、服务/奉献型、挑战型、生活型，如图 2-1 所示。要想在某一个领域取得更大的成就，一定要通过不断地自我反省和探索，及早认清自己的职业锚，确定自己的长期贡献区。一个人的职业锚只有与其所从事的职业相匹配时，才能最大限度地发挥自身的潜能。

职业锚

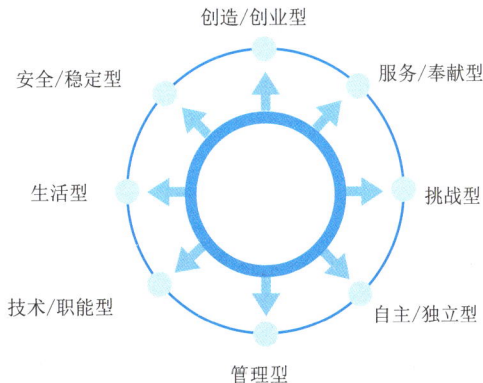

图 2-1　8 大职业锚

1. 技术 / 职能型

这一类型的人追求在技术 / 职能领域的成长和技术 / 技能的不断提高,以及应用这种技术 / 职能的机会。他们对自己的认可来自专业水平,喜欢面对专业领域的挑战,不喜欢从事一般的管理工作。

2. 管理型

这一类型的人追求并致力于职位的晋升,倾心于全面的管理,可单独负责一部分,也可跨部门整合其他人的努力成果。他们想承担整体的责任,并将公司的发展与成功看成自己的工作。

3. 自主 / 独立型

这一类型的人希望可以随心所欲地安排自己的工作和生活,追求能够施展个人能力的工作环境,希望可以最大限度地摆脱组织的限制和制约。他们宁愿放弃职位晋升或者工作发展的机会,也不愿意放弃自由与独立。

4. 安全 / 稳定型

安全 / 稳定型的人追求的是工作中的安全和稳定感,会因能够预测到稳定的将来而感到放松,关心财务安全。他们的稳定感包括诚实、忠诚和完成老板交代的工作,虽然有时候他们可以得到一个较高的职位,但是他们并不关心具体的职位和工作内容。

5. 创造 / 创业型

这一类型的人希望用自己的能力去创建属于自己的公司或者生产自己的产品,愿意去冒险,并可以克服面临的困难。他们想向全世界证明这个公司是靠自己的努力创建的或者产品是靠自己的努力生产的,虽然他们现在也许正在其他公司上班,但是他们在学习并在寻找机会,一旦时机成熟,就会走出去创立自己的事业。

6. 服务 / 奉献型

服务 / 奉献型的人一直以来追求的都是他们认可的核心价值,比如帮助他人、通过新产品消除疾病等,他们一直都在寻找机会,哪怕是变换了公司,也不允许不接受他们实现这种价值的变动或者职位晋升。

7. 挑战型

这一类型的人喜欢解决看上去似乎无法解决的问题,战胜强硬的对手,克服无法克服的困难。对于他们来说,参加工作的原因就是工作允许他们去战胜各种不可能。他们喜欢新奇、变化和困难,一旦事情变得非常容易,他们就会马上表现出非常厌烦。

8.生活型

这一类型的人希望可以将生活中各个主要方面整合为一个整体,喜欢平衡个人、家庭和职业的需要。因此,需要给他们提供一个有足够弹性的工作环境来实现这个目标。生活型的人还可以牺牲职业的一些方面,如放弃职位的晋升来换取三者的平衡。在他们看来,成功的定义比职业成功更为广泛,他们所关注的是自己如何生活、在哪里居住、如何处理家庭和事业以及自我提升。

二、制定科学的职业生涯目标

职业生涯目标分短期目标、中期目标、长期目标。目标确定后,可根据不同时期的目标层层分解,从而确定出符合实际的短期目标、中期目标、长期目标。人生的终极目标尽可能远大,不要求详细、精准;长期目标、中期目标、短期目标应该既有激励价值,又要现实可行,并尽可能具体明确,限定时间,可量化,可考核。

三、推进职业生涯目标实现

确定了职业生涯目标并不等于职业生涯目标就能实现。职业生涯目标从确定之初到逐步实现是一个相当漫长和曲折的过程,需要付出艰辛和努力。

四、定期检查和修正职业生涯目标

实现职业生涯目标的周期一般比较长,在实践过程中我们会发现并不断地了解自己的能力和缺陷,最终找到自己最适合完成的长期目标。所以,定期检查和修正职业生涯目标是非常有必要的。

探索与训练

第一步,了解SWOT分析法

全班同学分成若干小组,每个小组选一个负责人,请各小组负责人介绍本小组课前了解的SWOT分析法。

SWOT分析法,即基于内外部竞争环境和竞争条件下的态势分析,将与研究对象密切相关的各种主要内部优势、劣势以及外部的机会和威胁等,通过调查列举出来,并按照矩阵形式排列,然后用系统分析的方法把各种因素相互匹配起来加以分析,从中得出一系列的结论。运用SWOT分析法得出的结论通常带有一定的决策性。运用这种方法可以对研究对象所处

SWOT 分析法

的情境进行全面、系统、准确的研究,从而根据研究结果制定相应的发展战略、计划以及对策等。

S(Strengths)是优势,W(Weaknesses)是劣势,O(Opportunities)是机会,T(Threats)是威胁。

优势,是组织机构的内部因素,具体包括有利的竞争态势、充足的财政资源、良好的企业形象、强大的技术力量、规模经济、较高的产品质量、较大的市场份额、成本优势、广告攻势等。

劣势,也是组织机构的内部因素,具体包括设备老化、管理混乱、缺少关键技术、研究开发落后、资金短缺、经营不善、产品积压、竞争力差等。

机会,是组织机构的外部因素,具体包括新产品、新市场、新需求、外国市场壁垒解除、竞争对手失误等。

威胁,也是组织机构的外部因素,具体包括出现新的竞争对手、替代产品增多、市场紧缩、行业政策发生不利变化、经济衰退、客户偏好改变、突发事件等。

SWOT 分析法的优点在于考虑问题全面,是一种系统思维,而且可以把对问题的"诊断"和"开处方"紧密结合在一起,条理清楚,便于检验。

第二步,做出并分享自己的 SWOT 分析

每个人可结合表 2-2 当堂做出自己的 SWOT 分析,并在小组内交流分享。

表 2-2 我的 SWOT 分析

项目	优势	劣势	机会	威胁
内部个人因素				
外部环境因素				
自己真实的优点				
总结鉴定				

第三步,确定执行路径

分享完后用内外条件交叉矩阵(如图 2-2 所示)确定一下执行路径,小组讨论。

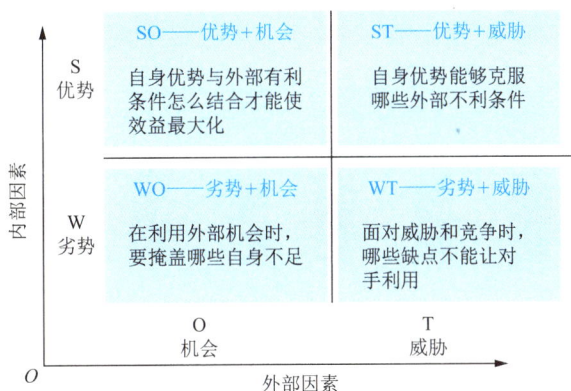

图 2-2 内外条件交叉矩阵

第四步,职业锚定

职业锚定的过程就是找到内心认定的职业发展方向的过程。请同学们按照表 2-3 进行职业锚分析,写出自己的职业锚。

表 2-3 职业锚定表

职业生涯取向	典型职业
技术 / 职能型	技术主管、职能专才等
管理型	总经理、总裁等
自主 / 独立型	咨询师、教师等
安全 / 稳定型	公务员、银行职员等
创造 / 创业型	企业家、创业家等
服务 / 奉献型	医生、义工等
挑战型	特种兵、高级顾问等
生活型	茶艺师、花艺师等

第五步,确定职业生涯目标

综合以上步骤,确定自己职业生涯的短期目标、中期目标和长期目标(任选一个),按图 2-3 目标树的形式写下来,小组讨论。

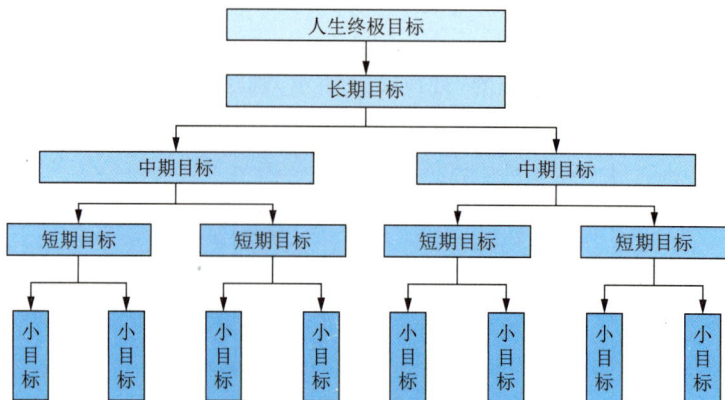

图 2-3　目标树

用 SMART 原则（如图 2-4 所示）设定目标。

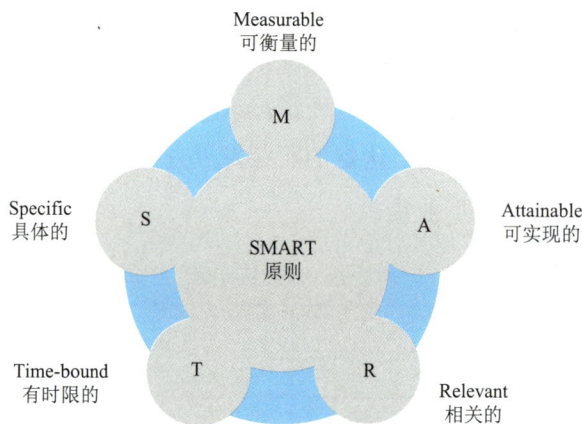

图 2-4　SMART 原则

SMART 原则能帮助我们把目标设定得更科学，更容易执行。

不能只顾低头拉车，而不抬头看路，忘了自己的主要目标。SMART 原则是目标管理的一个很好的方法，可以帮助我们科学、规范地制定目标以及有效地完成任务，不论是对工作、学习还是生活，都非常有用。SMART 原则利于员工更加明确、高效地工作，更为管理者将来对员工实施绩效考核提供了考核目标和考核标准，使考核更加科学化、规范化，更能保证考核公平、公正与公开。

小　结

本环节通过认知职业锚，以及学习应用 SWOT 分析法和 SMART 原则分析、确定职业目标，来引导同学们确立自己的职业生涯目标。

榜样人物

淄博高级音响技师第一人田光喜的职业锚定（技术/职能型职业锚）

在淄博音响界，有一位被誉为音响第一人的大师，他就是来自山东铝业职业学院的高级音响技师、山东省舞台美术学会专家、中国录音师协会会员田光喜。田光喜，男，1964 年生，中共党员。参加工作 30 多年来，他凭着对音响事业的执着追求，发奋学习，孜孜不倦，成为淄博市高级音响技师第一人，为发展祖国的音响事业做出了贡献，谱写了一首又一首新时代和谐动人的音响交响曲。

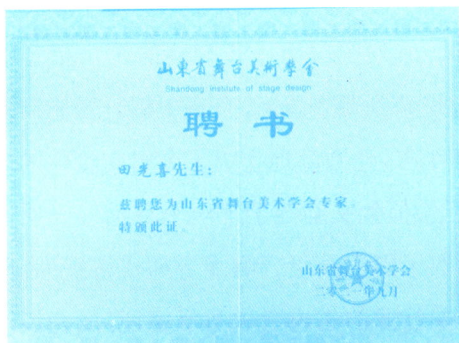

山东省舞台美术学会给田光喜的聘书

田光喜工作室成立

执着追求，一举成名

田光喜于 1982 年高中毕业后考取了山东铝厂技工学校采矿专业、职工大学机电专业，后来在吉林大学学习电气自动化。在学校学习期间，他认真学习专业理论知识，负责班内学习工作，梦想毕业后当一名采矿技术员。一个偶然的机会改变了他的想法。18 岁那年，他在老家看着母亲搬着一个收音机到处找村里的电工维修，有时村里的电工没有时间，得来回找电工好几次。看到母亲辛苦的样子，他暗暗地想：一定要学会电子维修这个手艺。回到学校，他就制订了两年计划，一边学习专业知识，一边利用课余时间跟随电子维修方面的专业老师学习。当时，山东铝厂职工大学教电工基础的王维远老师就成了他的启蒙老师。从一点儿不懂电子焊接到熟练掌握电子普通维修，田光喜经历了艰难却快乐的过程。

随着电子技术的发展，家用电器也在不断更新换代，他感到已有的知识已经落伍，便到山东铝厂职工大学电子专业继续学习深造。经过 4 年的学习，他以优异的成绩毕业。毕业后，他一边工作一边学习一边实践。

1995 年，山东铝业公司矿业公司筹建电视台，田光喜到电视台负责技术工作。工作期间，他有幸两次被派到中国传媒大学进修学习，系统地学习了电子设备维修技术和有线电视系统设计。进修学习结束后,他先后参加了山东省金蓝领考试,取得了电气技师资格证,设计并完成了山东铝业公司矿业公司生活区有线电视系统。

2002年9月,正值中铝公司山东企业为筹划企业建成投产50周年大庆,他被选为音响师负责一切厂庆活动的音响工作。为了完成企业交给的重任,他自我加压,把掌握音响调节技术提到工作日程上,制订了周计划、月计划、季度计划,一步步摸着石头过河。没资料,他就到档案处去查,做笔记,根据实物画图纸。遇到不懂的问题,他走出去,虚心地向社会上的同行专家请教。功夫不负有心人,他终于在2004年10月1日这天圆满地完成了中铝公司山东企业建成投产50周年所有庆祝活动的音响工作,达到一个新的技术高点。

2010年,田光喜参加了全国行业技能考试,成为中国第一音响网的第一批音响技师。同年,他被中铝公司聘请为艺术团调音师,借调到北京总部,负责中铝公司慰问巡回演出的音响调音工作。他的足迹遍布全国十几个省,他圆满地完成了公司交给他的政治任务。这次成功后,他又站到了一个新的起点上,但他又瞄准了下一个目标——向本行业的最高点进发。经过三年的艰苦努力,他考取了国家高级音响调音师资格证书,取得了本行业的最高技能证书。同年,他考取了音响行业的省内考评员资格证,成为淄博高级音响技师第一人,开创了淄博音响领域的先河。

一丝不苟,精益求精

田光喜的成名,使他的事业如日中天,找他的单位和个人络绎不绝。他先后圆满地完成了中铝公司成立5周年、10周年全国慰问演出及山东省淄博市第五中学建校70周年校庆的音响工作,受邀参加了2014年淄博市民间剧团音响讲座,并连续多次被临时借调到中铝公司北京总部负责在京重要会议的音响工作。2014年下半年,他接受了一项既严肃又保密的政治任务,就是负责联合国向中国第一批武装维和部队(南苏丹)授旗仪式的音响工作,任务艰巨而光荣。前一天晚上11点才接到通知,要求第二天早上9点必须把设备安装到位,供电系统两套,音响系统两套,要求语音清晰,音乐准时正确播放,做到万无一失。可以想象,在那样严肃的会场,如果因为不认真、不熟悉设备、政治立场不坚定而把音乐放错,后果可想而知。他严肃认真,高度负责,圆满地完成了授旗仪式的音响工作,彰显了一位音响大师的高尚风范,受到了联合国官员、驻华使节、部队首长和官兵的一致好评。

传授技艺,大展宏图

2014年11月,田光喜取得国家认证的国家高级音响调音师资质后,就有了一个大胆的想法,即在淄博、在山东铝业职业学院开办音响调音师培训班。他的想法得到了中铝公司党群工作部和山东铝业职业学院领导的鼎力支持;在没有设备的情况下,得到了中国录音师协会及淄博市同行的大力支持。2015年3月12日,他成功举办了淄博市第一届音响调音师鉴定培训班。培训班得到了淄博市鉴定中心、淄博市剧院、山东理工大学、淄博市体育中心、淄博市歌舞团、淄博广电大剧院、山东恒利歌电子科技有限公司、张店区文化局等单位的大力支持,这些单位纷纷派员工前来学习交流。这次活动非常圆满,达到了预期效果,不仅为淄博市的企事业单位培养了紧缺的音响调音师,还为音响爱好者提供了互相学习、互相交流的平台,也让那些想学习音响调音技术的年轻人不出远门就能找到学习的地方,填补了淄博市无培训音响调音师的空白,他本人也成为淄博市唯一一个音响调音师考评员。2015年,田光喜被山东铝业职业学院聘请为企业导师,同年被张店区文化馆聘请为音响指导老师。此后,他担任了淄博市音响技术方面的专家评委,参与了政府的许多招标活动。后来,在社会责任的驱使下,他把技术传承放在新的历史高度,2017年随学院迁到威海校区,开始了技术

田光喜被评为"优秀共产党员"

技能传承教学工作。2018年4月,他成功申报山东省技艺技能传承平台——音响技术调音及应用项目,以期利用这个平台把山东铝业职业学院建设成为山东省有影响力的音视频与智能技术培训基地,为社会培养和输送优秀的音视频与智能技术人才。他先后在学校举办培训班10余期,在校成立了灯光音响社团;成功申报山东省科研项目"基于以岗导学的灯光音响特色课程的开发",该项目从立项到结项历时2年,获山东省科研项目三等奖。他培养的优秀毕业生有100余人,其中自主创业的有30余人。2021年,田光喜被山东省舞台美术学会聘请为专家。山东省舞台美术学会挂牌成立了威海市海韵文化舞台美术创新创业田光喜工作室,山东铝业职业学院挂牌成立了舞台美术实训就业基地。近几年,即将退休的他勇挑重担,负责新兴无人机技术应用专业的教学任务,在以赛促教的引领下,先后指导学生参加山东省"技能兴鲁"无人机大赛,学生获得一、二、三等奖,学院获得优秀组织奖,他本人获得"优秀指导老师"称号。2022年,他指导学生参加金砖国家无人机应用比赛,获得山东省决赛学生组第五名的好成绩。2022年,他被学院评为"优秀共产党员"。

在职业教育这个宽广的舞台上,他传承技艺,培养人才,大展宏图,为祖国的职业教育事业做出新的更大贡献。他常说:"自己就是一滴水,只有放到大海里才不会干涸,学习永远在路上。"

任务三 制订职业生涯规划

德育引领

职业生涯规划不仅仅是一个职业目标或者职位的确定,不单纯是一年专员、三年主管、五年经理这样的晋升路径,而是清楚自己的职业兴趣"喜欢做什么"、职业能力"能够做什么"、职业性格"适合做什么"、职业价值观"最看重什么"等。没有这些,工作5年或者10年后可能会和别人拉开差距。习近平总书记一再告诫青年"人生的扣子从一开始就要扣好"。作为新时代的大学生,扣好第一粒扣子,才能坚定自己的选择,按照适合自己的职业规划,准确把握职业发展方向,走好人生之路。

职业生涯规划有三个层次的支点:生存支点、发展支点和兴趣支点。作为新时代的大学,高校为同学们踏入社会悉心配备了"硬件",大家的起点都是一样的,重要的是如何升级自身的"软件",让自己快速适应并融入社会。只有制订一份适合自己的职业生涯规划,才能准确地把握职业发展方向。

知识讲堂

一、职业生涯规划的概念

职业生涯规划,又叫职业生涯设计,是指个人与组织相结合,在对个人职业生涯的客观条件进行测定、分析和总结的基础上,对自己的兴趣、爱好、能力和特点进行综合分析与权衡,结合时代特点,根据自己的职业倾向,确定最佳职业奋斗目标,并为实现这一目标制订行之有效的行动计划。职业生涯规划是一个职业探索与奋斗的历程,其目的是获得最大收益,少走弯路,不走错路,避免走回头路,选择走最佳路径以实现职业理想,从而实现自我价值。

职业生涯规划不但与个体的主观因素有关系,还与个体周围存在的客观条件有密不可分的关系。

首先,职业生涯规划要符合个体自身的条件,尽量达到内外因素的最佳匹配。确定职业生涯目标的关键是要人岗匹配,既不高攀又不低就。职业生涯规划要求个体根据自身的兴趣、特点,通过对自己的内在因素进行测评,找到自身的内部潜质与兴趣意向,将自己定位在一个最能发挥自己特长的位置,选择最适合自己能力的职业。

其次,职业生涯规划要充分利用周围存在的客观条件。职业生涯规划是指个体通过对自身的主观因素和客观因素进行分析测评,确定职业选择,并以个体的奋斗目标为导向,选择符合这一目标的职业。职业生涯规划就是要找到客观与主观的最佳匹配点,使外部优势充分支持内部潜质,使内部优势和外部优势相结合,创造个体发展的平台,形成在职场打拼的强有力的核心竞争力。

1. 职业生涯规划的类型

(1)按时间长短,职业生涯规划可以分为短期规划、中期规划、长期规划和人生规划。

短期规划:2年以内的规划,确定近期目标,并完成近期任务。

中期规划:2～5年的规划,确定目标,完成任务。

长期规划:5～10年的规划,确定目标,完成任务。

人生规划:整个职业生涯的规划,时间为30～40年,设定整个人生的目标。

(2)按处理职业问题的方法,职业生涯规划可以分为理性型、直觉型和依赖型。

理性型:综合考虑个体和职场等因素,分析利弊,做出的相应的规划。

直觉型:凭借个体的直觉与一段时间内的好恶做出的规划。

依赖型:依赖父母、朋友和其他社会关系,或者受外界舆论及其他因素的影响做出的规划。

2. 职业生涯规划的构成

(1)正确评估自我。

自我评估的目的是认识自己,了解自己。因为只有认识了自己,才能对自己的职业做出正确的选择。所以,自我评估是生涯规划最重要的步骤之一。一般来说,自我评估的方面包括自己的兴趣、特长、性格、学识、技能、智商以及组织管理能力、协调能力、活动能力等。

（2）明确方向,确立志向。

确立目标是制订职业生涯规划的关键,有效的生涯设计需要切实可行的目标,以便排除不必要的犹豫和干扰,全心致力于目标的实现。如今很多人都会问这样的问题:"我应该去做什么样的工作呢? 我真的不知道什么样的工作适合自己啊!"其实,这些人之所以这样问,是因为他们还没有明确自己的职业发展道路。

（3）利用优势,扬长避短。

每个人都有自己最擅长的东西,在职业发展上要做的就是最大化地"扬长"。要想在职场上有所作为、有所突破,首先要找到自己的优势,其次要最大化地利用优势。特别是在选择创业时,如果没有分析自己的优劣势,就想当然地由着性子去做,在不了解创业要具备的个人优势时,就会不可避免地用自己的短处来打拼,失利也就成了必然。

（4）计划分阶段实现目标。

在确定了职业生涯目标后,行动就变成了关键环节。没有实现目标的行动,就不能实现目标,也就谈不上事业的成功。这里所指的行动是指落实目标的具体措施,主要包括工作、训练、教育、轮岗等方面的措施。要把明确的目标细分成具体的步骤,落实于日常生活的实际之中,实事求是。

二、职业生涯规划的支点和特点

职业生涯规划有三个层次的支点,即生存支点、发展支点和兴趣支点,它具备以下特点:

1. 可行性

职业生涯规划作为职业选择行为事先制订的计划,要切实可行,要从个人实际出发,学会拒绝无法实现的幻想和好高骛远的梦想,否则则是自欺欺人。

2. 适时性

规划是预测未来的行动,确定将来的目标,因此生涯活动何时实施、何时完成都应有时间和时序上的妥善安排,以作为检查行动的依据。

3. 适应性

制订一份可行、适时的职业生涯规划,需要考虑的影响因素是很多的,而且这些因素之间的联系又是复杂的,因此生涯规划要有弹性,以增强其适应性。

4. 持续性

人生具有阶段性和连续性，规划是为了避免出现断层，要保证各个发展阶段衔接连贯。一个人的职业生涯规划是生命、生活的重要组成部分，选择了一份职业，就是选择了一种社会角色，进而选择了一种生活方式。一个职业生涯目标与生活目标相一致的人是幸福的，职业生涯规划实质上是追求最佳职业生涯的过程。

三、职业生涯规划书的撰写

职业生涯规划书主要分为六部分。

1. 自我认知分析

自我认知分析主要是指分析家庭、教育、个人经历、他人评价及社会对自身树立职业理想的影响等，对自我进行认知，并树立正确的职业价值观。同时，还要通过职业生涯规划工具测评和他人眼中的自己，客观分析自己的职业兴趣、能力倾向、职业价值观、个性特征等，了解自己喜欢做什么、能够做什么、适合做什么、最看重什么、人岗是否匹配等，并做自我认知小结。

职业生涯规划书的要求与格式

2. 职业认知分析

职业认知分析主要分析学校的培养环境、目前的就业现状、企业的用人要求、国家的相关政策、自己的就业期望、自己的专业、地域环境、行业环境、企业环境等内容。要综合分析社会实际，准确定位自我职业，确立职业生涯目标，做好职业生涯规划，并做好职业认知总结。

大学生职业生涯规划书模板

3. 决策

首先，确定职业目标。具体可以通过阅读书籍、上网搜索、社会实践、职业生涯人物访谈、专家咨询等多种途径和方法（外部环境分析、目标职业分析、职业素质测评等），全面了解目标行业、目标职业、目标企业的相关资讯，结合自己的专业情况、职业选择、家庭环境等因素，理性评估职业机会。其次，选择职业生涯目标和职业发展路径。在自我认知、职业认知的基础上，进行职业定位，选择最适合自己的职业生涯目标，并确定相应的职业发展路径。

4. 制订行动计划和实施计划

围绕职业目标，制订具有可行性、阶段性、灵活性、持续性与一致性的行动计划，特别要重视大学期间和毕业后 5 年内的计划。在制订计划时,要注意区分轻重缓急,在行动计划制订好和策略制定完成后,要加强学习、高效行动,学会管理时间和排除干扰,以确保行动计划的顺利完成。

5. 职业生涯规划评估、反馈与修正

由于社会环境、家庭环境、组织环境等变化以及各种不可预测因素的影响,一个人的职业生涯往往不是一帆风顺的。为了更好地主动把握人生,主动适应和利用各种变化,就需要定期评估、反馈、调整、优化自己的职业生涯规划,包括拟订备选的职业生涯规划。

6. 结束语

从职业生涯测评手段入手,详细分析、认知自我,了解外部环境对自己的影响,确定职业生涯目标,在经过一系列的职业生涯人物访谈、职场调研、实习实训、社会就业形势分析、岗位需求分析和自身条件分析等职业评估和反馈后,进一步修正、调整自己的职业生涯目标,从而制订自己的职业生涯规划。

职业生涯规划书

一、标题

写标题,标题下面写专业、年级、班级、姓名、学号。

二、正文

1. 前言(100 字)

2. 自我认知(800~1 000 字)

(1)你是谁,包括你的兴趣、性格、素质,以及过去的你、现在的你、将来的你等内容。

(2)你想要什么样的人生,包括你的价值取向,即你认为人生中什么是最有意义的,你想过什么样的生活等内容。

(3)你能做什么,包括你的能力、特长以及以前获得的奖项等内容。

(4)你的家庭,包括家庭对你的习惯、性格、素质等的影响,以及物质上的支持等内容。

(5)你的学校,包括学校师资力量等内容。

(6)你的专业,包括专业介绍和发展前景等内容。

(7)你所生活的环境,包括家庭环境、学校环境、城市环境等内容。

3.职业认知(800~1 000字)

(1)社会因素,包括国家政策、就业形势、人才需求与分布等内容。

(2)行业因素,包括行业现状、行业前景、是不是朝阳行业、行业标准、行业品牌等内容。

(3)企业因素,包括企业文化、用人标准、福利待遇、企业前景等内容。

(4)学校因素,包括在学校培养的专业技能、通用技能、职业素养、核心能力等内容。

(5)家庭因素,包括提供的职业资源等内容。

4.确定目标

根据以上几点,确定你的职业生涯目标、职业决策。

(1)你的职业锚。

(2)SWOT分析法。

(3)决策平衡单。

5.构建发展阶梯

短期目标、中期目标、长期目标。

6.制定发展措施(300~500字)

落实短期目标、中期目标、长期目标的具体措施。

7.评估、反馈与修正(300~500字)

三、总结语(50~100字)

最后确定的职业生涯目标是什么。

探索与训练

第一步,生涯幻游

生涯幻游是职业生涯规划常用的工具。请同学们在非常放松和平静的状态下通过幻想把自己带到期望的未来场景中,看看自己到底想要什么,到底想过什么样的生活,到底想成为什么样的人,又在践行些什么。

生涯幻游

第二步，讨论、梳理职业生涯规划

讨论课前准备的职业生涯规划，说一说自己是怎样制订这份规划的；学习归零思考法（Zero Based Thinking），按照问题梳理一下自己的规划。

归零思考法

归零思考法的模式：

Who am I?（我是谁？）

对自己进行一次深刻的反思，对自己有一个比较清醒的认识，真实地写出每个想要的答案。写完后再想一想有没有遗漏，确定确实没有遗漏后，按重要性进行排序。

What will I do?（我想做什么？）

从人生初次萌生想做什么的念头开始，把自己真心向往过的想做的事——记录下来。写完后再想一想有无遗漏，确定确实没有遗漏后，按重要性进行排序。

What can I do?（我能做什么？）

对自己的能力与潜力进行全面的总结，把确实证明的能力和自认为还可以挖掘的潜能都列出来，如做事的韧力、临事的判断力，以及知识结构是否完整、知识是否及时更新等。确定确实没有遗漏后，按重要性进行排序。

What does the situation allow me to do?（环境支持或允许我做什么？）

从单位、本市、本省到本国和其他国家，自小向大，只要认为是自己有可能借助的环境条件，都应在考虑范围内。在这些环境条件中，认真想一想自己可能获得什么支持或允许，然后写下来，再按重要性进行排序。

What is the plan of my career?（我的职业生涯规划是什么？）

从各个问题中找到实现有关职业生涯目标有利和不利的条件，列出不利条件最少的、自己想做而且又能够实现的目标，那么第五个问题自然就有了一个清楚明了的框架。

第三步，拟订职业生涯规划

根据个人职业生涯规划五步法拟订自己的职业生涯规划。

个人职业生涯规划五步法

如何做好个人职业生涯规划？可以参考个人职业生涯规划五步法。

第一步，分析自己的性格。每个人的性格都是不同的。有的人性格外向，善于言谈，人际交往能力强，喜欢在公众面前发表自己的观点；有的人则性格内向，

忠厚老实,喜欢独立地思考问题。有的人做事情执着,遇到挫折不气馁;有的人脆弱,容易被失败击垮。有的人喜欢做有挑战性的工作,压力越大,斗志越顽强;有的人喜欢过安定平稳的生活,不能承受过大的压力。……任何事情都具有两面性。热情、善谈的反面就是稳重不足,忠厚、脾气好则容易变得没有主见……要先分析自己的性格,看看自己究竟具备上述性格中的哪些方面,看看自己性格中的长处和短处,如果是热情、善谈、喜欢有挑战的人,相对来说比较适合做营销、公关等工作;如果是内向、认真的人,就比较适合做财务工作。准确分析自己的性格,一方面便于找到适合自己的岗位,另一方面可以提醒自己在工作中注意克服性格的弱点。

第二步,分析自己掌握的知识、技能。每个人都有自己擅长的知识和技能。有的人喜欢文科,有的人喜欢理科;有的人动手能力强,有的人操作能力弱;有的人思维跳跃的跨度大,有的人逻辑思维能力强……分析自己学过和掌握的知识和技能,罗列出哪些是自己精通的,哪些是自己熟悉的,哪些是自己的弱项,然后分析自己所从事的工作岗位需要具备哪些方面的知识和技能,结合自己的实际,了解自己与岗位的吻合度以及自己的不足之处,如果岗位要求具备较高的计算机水平,而自己这方面的能力欠缺,就可以通过参加学习班或找人传授相关知识来提高自己这方面的技能。只有做到上述这些方面,才能使自己在工作中立于不败之地。

第三步,分析自己拥有的或能够调配的资源。这里的资源不仅包括金钱,还包括自己在社会上的人脉。俗话说:"有多大的能力办多大的事。"要尽可能地去做力所能及的事情。众所周知,如果要开办公司,就要有一定的资金,至少要保证 10 个月不盈利还能维持公司的运营。同样道理,如果从事一项工作,那么不可能所有的事情都是自己擅长的,如果碰到自己不擅长的事情,就要分析自己能够调动的资源,在自己的同学、朋友、亲戚中看看有谁擅长此类事情或从事过相关行业,然后去取经,直接抓住问题的关键,避免在工作中走弯路。

第四步,确定自己的职业生涯目标。一个获得 MBA(工商管理硕士)的学生,毕业两年多换了 4 次工作,涉及不同的行业,每份工作都没有超过 6 个月,已经 30 岁了还没有找准自己的位置,还不知道自己适合做什么。这个学生就属于那种稀里糊涂生活的人,没有认真分析过自己,没有做好职业生涯规划。在一定程度上,我们并不反对跳槽,但是一定要有目的、有选择地跳槽,最好先采用上述方法,确定个人的发展目标,并围绕这个目标有目的、有选择地跳槽,这样才能让自己更快地接近或实现目标。没有确定自己的职业生涯目标,盲目地跳槽,特别是频繁换行业地跳槽,是非常不可取的,因为在当今社会,工作经验和行业优势已经成为获取成功的必不可少的条件之一。所以,确定个人的职业生涯目标非常重要。

第五步,围绕目标,坚持不懈。世上没有不劳而获的东西,任何一个人的成功都不是偶然的,只有通过长时间的积累,具备了一定的实力,才能成功。认准了自己的目标,一定要坚持不懈地走下去,不管遇到什么挫折都不要放弃,同时一定要认真学习,只有这样才能获得成功。

小 结

本环节通过引导同学们学习职业生涯规划的概念和制订职业生涯规划,帮助同学们树立自主意识,树立正确的人生观、价值观,愿意为个人的生涯发展和社会发展积极主动地付出努力。

榜样人物

左璐璐:职业生涯规划伴我度过艰难时期

左璐璐是某师范学校的本科生,大学毕业那年,在很多学校中选择了传说中的"魔鬼学校"某中学。早上 5 点半开始上早读,晚上 10 点半还在备课和批改作业,早、中、晚餐都在学校食堂解决,过个周末都按小时计算,生活惨淡至极。她不需要买漂亮衣服、化妆和谈恋爱,因为她的男朋友被公司外派到非洲,最长一次 1 年零 4 个月才回趟国,连结婚都是在婚礼前一天才辗转着从非洲到迪拜再到北京最后到老家。两人用了所有积蓄在北京工人体育场附近买了一处房产。朋友帮忙匆匆过了户,又转给中介出租,连蜜月都没有度,一个回了非洲,一个回了河北。她的大学同学大多选择在一所普通中学教书,过着四平八稳的日子。在她的同学看来,左璐璐这没有生活、枯燥、异国分居的日子真是折腾。5 年后,左璐璐正式去北京找工作,在与北大和清华硕士以及海归的竞争中,凭借自己在"魔鬼学校"的历练进入了清华大学附属中学,她的老公也结束外派生活,升职为公司的中层领导,他们夫妻俩成为同学中最早进入中产阶层的人。

当大多数人想着走一步看一步的时候,有的人早就做好了未来几年的规划。人力资源专家分析大学生没有规划,会在工作 3～5 年后拉开差距。从个人奋斗的节点上看,一个人真正的有效奋斗时间也就 30 年,但最重要的是前 10 年。

工作 1～2 年,职业初始期,有规划的人早早选择了适合自己的路,而另外一些人只能选择先就业再择业。这个时期走了弯路,也只是损失 1 年的工资而已。

工作 3～5 年,差距明显期,人和人的差距就是在这几年中开始并不断拉大的,有些人会在这个时期走上主管或者经理的位置,而从一开始就在用频繁跳槽来寻找人生方向的人已经不知不觉间损失掉了 3 年的工资。

工作 5～10 年,两极分化并最终定型,那些没有规划的人在经历了从未停止的迷茫后,一般对工作和生活也麻木了,这个时候损失的是无数机会成本。

项目三
职业生涯规划实施策略

项目引言

　　任何职业生涯目标的实现都是逐步优化、完善的过程。在实施方案的过程中，当工作的实际成效不理想或者与预定目标存在较大差距时，我们应重新审视自己的实施措施是否恰当，是否改变目标的实现方式。职业生涯规划不是将职业目标定得越高越好，而是要切合实际、确保可行。职业生涯规划总是在行动中调整，在调整中完善的。调整能让我们更好地把握职业发展的机会，促进个人素质的提升和潜能的发挥，体现个人价值，进而为社会做出应有的贡献。有了这样长远、宏观的规划，在职业发展的各个阶段，我们都要审视内在环境和外在环境的变化，并且对自己的职业生涯规划做出相应的调整。

　　本项目通过职业生涯规划的实施、评估与修正等内容，帮助同学们了解其中的各个阶段和环节，深入学习方式和方法，更好地规划自己的职业生涯。

任务一　职业生涯规划实施

【知识目标】◎ 认识实施职业生涯规划的重要性。

◎ 了解大学生校内实施职业生涯规划的阶段特点和措施。

【能力目标】◎ 能用项目式学习方式逐步实施大学阶段的职业生涯规划。

◎ 掌握职业生涯规划管理的方法。

【素质目标】◎ 树立"知行合一"的理念，形成强大的内驱力，确保职业生涯规划实施。

◎ 在实施职业生涯规划的过程中，增强团结互助、协作意识。

教学目标

德育引领

大学生职业生涯规划的实施是一个有计划、渐进式的协调发展过程，需要大学生妥善做好部署并积极行动起来。如果你规划的中期目标是高级技师或者工程师，那么你应该问自己几个问题：第一，在校时我需要学习哪些课程和技能，以及如何求得目前的老师在这方面给自己更多的帮助？第二，我需要参加哪些学习、培训、考核才能够有资格做一名技师？第三，在成为技师的发展道路上，我需要排除哪些来自内部和外部的干扰？第四，将来我会入职何处？第五，如何求得所在公司的上司、师傅和工友在这方面给自己提供需要的帮助？第六，如何在所处的企业寻得有利于自己目标实现的机会？第七，一个高级技师应达到什么样的经验水平，以及自己从现在起怎样做才能符合这个条件？只有付诸行动，才有成功的可能。只有尽快行动起来，才能早日实现职业目标。现在就要行动起来，以积极的态度阶段性地实施职业生涯规划，每一天都不懈怠。

知识讲堂

一、正确对待职业生涯规划实施

职业生涯规划实施，是指对职业生涯各个阶段计划的实行、组织、指挥、协调和控制，从而保障高效地实现既定目标。制订职业生涯规划的目的是实施，确保实施规划才是重点和难点。实施职业生涯规划主要要做好三个方面，即树立正确的理念、形成强大的内驱力、选择合适的学习方法。

1. 树立"知行合一"的理念

在实施职业生涯规划的学习和成长过程中，大学生一定要树立"知行合一"的理念。学习知识是大学阶段的重要任务，但仅掌握知识不行，知识不等于能力，会应用知识才能变成能力。所以，要牢固树立"知行合一"的理念，不仅要刻苦学习科学文化知识，还应该理论联系实际，用所学知识去解决现实社会中的问题，让所学知识成为自己的能力和素质，从而提高自己就业和职业发展的竞争力。

2. 培养学习和成长的主体性

实施职业生涯规划最关键的是执行力。执行力从何而来？只靠学校的管理教育，对规划的执行有一定的作用，但不可持续，而且力度也比较小。最重要的是靠大学生的内驱力，这种内驱力就是大学生学习和成长的主体性。只有主体性强，内驱力才大而且持久，生涯规划才能有效实施。大学生如何才能有学习和发展的主体性？首先要有正确的人生观和价值观；其次要有清晰的学习和发展目标；再次要增强学习专业知识的兴趣；最后要努力培养自己的意志力、自律力，养成良好的学习和生活习惯。

3. 采取项目式学习法

很多大学生的职业生涯规划不能有效实施，其中一个重要原因就是没有和专业学习有机结合。大学阶段的学习方法有很多，项目式学习法应该成为大学生的一种主要的学习方法。所谓项目式学习法，就是结合专业学习内容和职业生涯规划，选择真实的需求或问题，明确项目内容，通过组建团队、制订项目实施完整方案，

PBL 项目式学习法

实施这个方案，将实施后的作品或成果进行分享，并对成果进行不断的完善。项目式学习法不仅可以应用于专业学习内容，还可以进行自我认知探索，以及行业、职业、专业认知探索。项目式学习法既是"知行合一"理念的体现，也是激发主体性的有效方式之一，更是提高职业生涯规划实施执行力的有效方法。

二、针对不同的阶段,落实各项具体措施

在每一学年中,大学生的学习重点与心理特征都有所不同。大学生可以按学年定阶段目标,并根据每个阶段的目标和自身成长的特点制订有针对性的实施方案,实施自己的职业生涯规划。

1. 大一的"适应—探索期"

经历紧张充实的高中生活后,刚进入大学校园的大一新生仿佛进入了色彩斑斓的新世界,改变了以往的学习状态和学习方式,对自己所选的专业充满新鲜、好奇与未知。大学生这个阶段要适应大学生活,开始思考职业与专业的关系,探索职业发展路径。

(1)适应大学生活,完成从中学生到大学生的角色转变。熟悉校规校纪、校园氛围和周边环境;参加集体活动,建立与老师、学长和同学的人际圈;改变学习方式和方法,提高自主学习的动力,增强自我管理的意识。

(2)开始自我职业探索,树立职业规划意识。通过职业测评等工具全面、客观地了解自己,思考有哪些职业与自己学习的课程、专业相吻合,通过互联网、报纸、杂志和访谈等渠道进一步了解这些职业。

(3)在与老师和学长互动的过程中,搜集所学专业可能的职业发展路径的信息和实施策略。

2. 大二的"定位—提高期"

适应了大学生活,大二时的学生对所学专业有了一定的了解,在学习了一定的知识和技能后,就应该考虑这些知识的使用场合和方式,制订合理的职业生涯规划,确定主攻方向,深入学习,提高综合素质。

(1)根据自己的发展意愿,初步明确未来的职业发展方向,并确定实施方案。

(2)有针对性地建构自己的知识结构,注重专业能力的培养,取得与职业生涯目标相关的职业资格证书,同时参加英语、计算机等工具性证书考试。

(3)通过积极参加、组织活动等方式,培养自己的团队合作能力、组织协调能力、时间管理能力,重视培养自信心与进取心、情绪调节能力、对挫折的耐受力等非智力因素。

(4)在评估环境安全的前提下,利用寒暑假和课余时间尝试兼职、实习、见习等工作,以增加对社会的认识,积累职业经验。

3. 大三的"准备—就业期"

大学生涯的最后一年,已经开始实施自己的职业生涯规划,这一阶段要提升自己的就业技能,做好就业准备。

（1）扩大校内外交际圈,增加与亲友、校友、职场人士的交往,参加校园招聘会,与用人单位的招聘人员进行沟通。

（2）学习求职技巧,学会制作简历、书写求职信,了解面试技巧和职场礼仪。

（3）充分掌握资讯,明确职业生涯目标。留意学校就业指导中心的通知和其他重要的招聘信息渠道,全面搜集招聘信息;登录相关网站或通过咨询、访谈等方式了解招聘单位的相关信息,为面试做好准备。

（4）选择实用性强的毕业设计（论文）题目,借机证明自己的应用研究能力。

（5）学会就业心理调节,始终保持自信和主动。

（6）了解劳动法规和政策,学会保障自己的劳动权益。

三、做好职业生涯规划管理

实施职业生涯规划,核心是加强自我管理:管理好学习,做有知识储备的人;管理好身体,做有健康体魄的人;管理好人际交往,做人际关系和谐的人。具体可以采取如下措施:

1. 制订具体的行动计划

"千里之行,始于足下。"从职业生涯规划到十年规划,再到五年规划,再到三年规划,最后到本年计划、下月计划、下周计划、明日计划,每天倒推,实施计划。

2. 定期检查规划实施情况

检查内容:首先,从大的方向上看,要检查职业理想是否有偏差;其次,检查自我认识是否有变,以及自己所处的环境是否有变;再次,结合实际情况检查职业生涯目标的定位是否合理;最后,检查具体措施是否落实。

检查形式:自我检查,相互督促,项目式学习成果展示。

检查方法:

（1）日记法。通过写日记来检查计划的完成情况。每天睡觉之前对计划的完成情况和计划执行过程中存在的问题进行反思并记录下来,根据检查情况,调整计划,改变不科学、不合理的地方。

（2）图表法。制定一个计划检查表,把什么时间完成什么任务列成一个表格,每完成一项任务,就在表格相应的地方打"√",这样可以直观地看到自己完成计划的情况,增强自己实现目标的信心。

探索与训练

第一步,选择课题,进行项目式学习

请同学们从大一到大三的专业课中选择一个与职业生涯规划实施相关的课题进行项目式学习。

第二步,制订周实施计划

根据学年职业生涯规划制订周实施计划,可参照表 3-1,也可创新。

表 3-1 周实施计划

_____年____月(____日至____日)第____周

要做哪些事	
先做哪些事	
后做哪些事	
重点是何事	
完成时间	

小 结

本环节基于同学们对职业生涯规划实施的认识,通过项目式学习法,加强职业生涯规划管理,有意识地培养同学们职业生涯规划与实施方面的职业素养,确保同学们的职业生涯规划得以实施。

榜样人物

扑得下身子才能弹跳得更高

栾会光是山东铝业职业学院 2005 级冶金专业的学生,毕业后到山东恒邦冶炼股份有限公司工作。那时的他并不知道会扎根在这片土地,在这片荒郊野岭上经营出一片锦绣繁华。工作以来,他感慨良多。山东恒邦冶炼股份有限公司给了他干事创业的平台,他为山东恒邦冶炼股份有限公司奉献了美好的青春年华。他先后被公司任命为冶炼二公司熔炼车间副主任、技术部副部长、综合部部长,现为公司总裁助理兼冶炼二公司经理,曾荣获多项省级以上荣誉,并于 2020 年获得"全国劳动模范"称号。

每一次成长都不容易，如果让他做一个总结，他说："只有扑得下身子，才能弹跳得更高！"

一是转变心态，明确目标，以积极进取的态度扎根生产一线，磨炼意志，积攒经验。进入公司后，他被安排在车间一线进行轮岗学习，从普通操作工做起。在校园里同学们都是得过且过，生产实习也是走马观花。可是车间工作任务繁重，环境又差，和他一同去的很多同学都打退堂鼓纷纷离开了。但是他没有随波逐流。他想："先做好手头的工作再说，如果手头的工作做不好，又谈什么更大更远的理想呢？"所以，在工作过程中，他留心学习车间的生产工艺，了解一线人员的情况，和工人师傅交朋

栾会光获得"全国劳动模范"称号

友，很快就融入了公司。看到自己一点一滴的进步，他更加坚定地一步一个脚印地沿着自己的目标前进。由于他学习积极，工作上吃苦耐劳，很快从一同来的大学生中脱颖而出，被调到当时公司正在筹建的复杂金精矿综合回收项目部担任技术员。

二是刻苦钻研技术，及时总结经验解决生产难题。他多次获得公司"优秀科技人才""创新能手""先进工作者"等荣誉称号。他带头成立的"栾会光创新工作室"被评为"省级创新工作室"。他作为技术员全程参与了复杂金精矿综合回收技术改造项目的建设、投产和改造等。越是在学中干，在干中学，他越是深刻地体会到这一技术项目的上升空间。他改进了生产工艺，提出了"富氧底吹熔炼造锍捕金工艺流程"，提高了劳动效率。在冶炼二公司投产后短短4年的时间里，他带领技术人员先后创造了20项技术创新成果，为公司创造了近5 000万元的经济效益，并有多项研究成果获得国家专利。

三是不断提升组织管理水平，用自己的人格魅力带领团队共同前进，把自己培养成为一位优秀的企业管理者。随着个人能力的提升，企业自然会有更高的期待。栾会光自己很有意识地提高了自己带领团队的能力，慢慢地从技术员一步一个台阶地迈上了更高的岗位。

栾会光寄语同学们：作为新时代的大学生，在校期间制订了职业规划，由熟悉的校园踏入社会，大家的起点都是一样的，都会面临各种挫折和困难，重要的是调整好自己的心态，把握住职业发展方向，明确目标，实施行动计划，扑下身子去一步一步前进。有坚强的意志，成功的彼岸就不难到达。面对困难，能够静下心来好好思考自己想要什么，如何去做，相信一切困难都会迎刃而解！

任务二 职业生涯规划评估、调整或修正

教学目标	【知识目标】	◎了解职业生涯规划评估的内容。
		◎明确职业生涯规划调整、修正的必要性。
	【能力目标】	◎掌握职业生涯规划的评估方法。
		◎能根据实际情况调整自己的职业生涯规划。
	【素质目标】	◎培养对待工作细致、严谨、一丝不苟的职业精神。
		◎培养敢于担当、机动灵活的优秀品格。

德育引领

　　2012年,小雪高中毕业后顺利地考上了本地的一所卫生学校,成为中医按摩专业的一名学生。到学校学习半年后,她发现自己对护理专业越来越感兴趣,学校护理专业的礼仪表演和技能展示总会让她心动和羡慕不已。后来得知中医按摩专业没有办法考取执业医师资格证,她非常沮丧。为了解开心结,她求助于学校的职业生涯规划指导老师,在进行了各种分析后,在老师的指导下,她重新调整了职业生涯规划,改学护理专业。改专业后她十分刻苦,努力提升自己的职业素养和专业技能,很快从同学中脱颖而出,成为护理专业的佼佼者,还代表学校参加了省级护理专业技能大赛并获得了二等奖。小雪庆幸自己及时调整了职业生涯规划,她坚信自己会成为一名好护士。小雪的职业理想是做护士长,用自己的一技之长为病人解除病痛。

　　计划不如变化快,影响一个人职业生涯规划的因素有很多,有的因素是可以预测的,有的因素难以预测;有的因素来自外界,有的因素来自自身。要使职业生涯规划行之有效,就必须不断地对职业生涯规划进行评估,调整职业生涯目标,改变实施策略,使方案更为恰当,以适应环境的变化,也更符合自己的理想。青春短暂,从现在起,就力争主动,为理想插上翅膀。

知识讲堂

一、职业生涯规划评估的内容

职业生涯规划评估是指大学生对自己做出的职业生涯规划的必要性和可操作性的估计。一般情况下,可以一年做一次规划评估,从年初制订该年度具体计划时开始,逐月修订,将具体计划按照年、月、周细分,并做好总结工作,检查策略和计划,保证目标有效实施。在特殊情况下,入职也变更时期,可以随时评估并进行相应的调整,酌情缩短规划周期,做到事事有计划。

职业生涯规划评估包括以下几个方面:

1. 目标评估

目标评估即确定是否需要重新选择职业。如果一直无法找到自己所期望的学习机会和工作,那么最好根据现实情况重新确定职业生涯目标。如果一直无法实现自己设计的职业生涯目标,在学习、工作中得不到应有的发展,导致长期压抑,那么应该考虑修正、调整职业生涯规划。

2. 机会评估

机会评估即确定周围环境是否允许实现职业生涯目标,主要是评估各种环境因素对自己职业生涯的影响。在制订职业生涯规划时,要分析环境条件的特点、环境的发展变化情况、自己与环境的关系、自己在这个环境中的地位、环境对自己提出的要求,以及环境对自己的有利影响和不利影响等。环境因素评估主要包括对组织环境、政治环境、社会环境和经济环境的评估。

3. 路径评估

路径评估即确定是否需要调整职业发展方向。当出现更适合自身发展和职业生涯发展的机会,而原定发展方向前景不明或前景不好的情况下,就需要考虑或尝试调整职业发展方向。

4. 实施策略评估

实施策略评估即确定是否需要改变行动策略。如果在其他地方可以找到一份令自己和家人都满意的工作,就前往该地。如果家人无法在自己工作的地方定居、工作,可以考虑改变既定计划。如果在已定区域的职业选择上实在得不到发展,可以考虑改变行动策略。

5. 其他因素评估

其他因素评估即对身体状况、家庭情况、经济条件、意外情况等因素的评估。如果家庭需要更多的照顾，就要考虑是否转移一部分工作精力到家庭中，甚至暂停工作。如果身体条件不允许，也应该放低对自己的职业要求。

二、职业生涯规划的调整与修正

所谓调整，即重新调配、安排，以适应新的情况；而修正是改正、修改，使其正确的意思。职业生涯规划调整与修正的内容包括职业的重新选择、终极目标的修正、实施措施与行动计划的变更等。一个好的职业生涯规划需要具备必要性和可操作性。虽然职业生涯规划需要具体到实施计划的措施、方法和时间，但是职业生涯规划做得过于细致也会束缚手脚，错失突如其来的机会。因此，职业生涯规划要有一定的弹性，在实践中定时、定期检查目标的实现情况，评估环境及自我的变化，并根据评估结果进行目标和策略的调整与修正。

1. 职业发展方向的调整与修正

应依据科学的方法进行职业生涯规划调整与修正。在以下三种条件下需要再次调整：一是原有的兴趣爱好发生了变化；二是对内外环境的分析存在错误，客观性不足；三是由于缺乏对工作的真实体验导致职业发展方向出现偏差。

2. 策略和措施的调整与修正

为实现职业生涯目标，我们会根据自己与职业生涯目标之间的差距采取一定的策略和措施，如参加培训等。当职业发展不顺利时，如果不是职业发展方向出了问题，就要考虑是不是采取的策略和措施不当，如果策略和措施不当，就要及时进行调整与修正，以免影响以后的发展。

3. 心理和行为的调整与修正

在遭遇职业不顺时，若不是以上两种原因，很有可能是自己的心理和行为不协调的原因。首先，要自信，不菲薄，不自大；其次，要坚定目标走下去，不半途而废；最后，保持积极、乐观的心态。

探索与训练

第一步，分析案例

请分析小雪的案例属于职业生涯规划的哪一种评估，是调整还是修正。

第二步,评估、调整或修正自己的职业生涯规划

请同学们拿出自己的职业生涯规划,对近期实施情况进行讨论、评估、分享,需要调整或修正的,进行调整或修正,并填写表 3-2。

职业生涯规划实施的各类表格模板

表 3-2　职业生涯规划实施评估与反馈表

自我评估与总结	测评(或岗位胜任力评估)	知识	
		技能	
		其他	
	规划落实情况		
	成就		
	经验与教训		
	资源支持		
同学、朋友评价与建议			
指导教师评价与建议			
规划目标调整或修正			
行动方案调整或修正			

小　结

本环节通过对案例的分析和自我评估,使同学们认识到职业生涯规划不是一成不变的,需要评估、调整与修正。随时调整出现的偏差,才有可能更好地实现人生价值,达到成功的彼岸。

👍 榜样人物

不断调整升级的人生更辉煌

山东铝业职业学院 2005 届应用电子专业的毕业生王建伟,现为某自动化技术有限公司董事长、法人代表。2002 年 9 月,他进入山东铝业职业学院学习电气自动化专业。经过三年的学习,在班级及社团管理中表现优异的他留校工作,主要从事电气实验室的管理工作。他发现自己不但喜欢专业知识,而且喜欢做决策,不怕冒风险,在管理工作中与人的相处也非常融洽。在留校期间,他努力学习,虚心求教,不但巩固了所学的专业知识,而且锻炼了自己的管理才能。

2007 年 7 月,他进入一家电气有限公司成为一名技术员,很快就得到了公司领导的赏识,由一名普通员工迅速成长为一名技术主管。由于他组织团队解决了自动化的各种疑难杂症,2007 年底便晋升为技术部经理。随着时间推移,他在这个行业拥有了更多的人脉和专业资源,重新确定了自己的职业生涯目标。2012 年 4 月,他成立了自动化技术有限公司,任董事长兼法人,从事工业自动化的研发、集成、调试、服务以及销售工作。公司成立至今,已有员工 100 人左右,其中不乏山东铝业职业学院的毕业生。

如果毕业时认定自己只能从事专业工作,王建伟不会有今天这样的成就。不断追求,提升自我,及时评估、调整与修正自己的职业生涯规划,才能使职业发展更加良好,人生价值也得到更好的体现。

项目四
就业指导

项目引言

随着我国社会主义市场经济体制的逐步建立和劳动人事制度的改革，高校毕业生就业制度已经发生了深刻的变化。特别是高等教育步入大众化阶段后，高校毕业生的就业形势也发生了较大的变化，以市场为导向、政府调控、学校推荐、学生与用人单位双向选择的毕业生就业机制已经初步形成。近年来就业形势越来越严峻，毕业生的就业意愿和社会需求之间存在脱节现象，因此对大学生进行专业的就业指导非常重要。

本项目通过让同学们认清专业、职业与行业的关系，做好就业准备，学习求职技巧等方面，帮助同学们理清就业思路，树立正确的就业观，掌握一些实用的求职技巧，为找到一份满意的工作做好准备。

任务一　认清专业、职业与行业

<table>
<tr><td rowspan="3">教学目标</td><td>【知识目标】</td><td>◎认知专业、职业和行业。</td></tr>
</table>

【知识目标】◎认知专业、职业和行业。

◎了解专业、职业和行业的关系。

【能力目标】◎能在实践中将专业与职业相结合，做好就业准备。

◎了解行业，选择适合自己的行业。

【素质目标】◎树立正确的就业观。

◎培养脚踏实地、实事求是的工作态度。

◎培养敢于创新、勇于担当的优秀品质。

德育引领

　　张明在大学里学的是汉语言文学专业，毕业后去了一家省级报社做编辑。一开始报社的效益还不错，后来随着互联网的发展，用电脑和手机看新闻的人越来越多，买报纸的人越来越少，报社的效益也就越来越差了。身边的同事纷纷离职，有的进入互联网公司做网络编辑，有的干脆自己创业。张明还在犹豫，干了那么久出去还能做什么，再说现在活儿也不多，这样待着倒是挺清闲的……大学同学毕业20年聚会的时候，他发现学中文的好多同学已经不再从事刚毕业时的工作，有的成了带货主播，有的在文化公司做文案创意工作，有的成为教育培训师，还有的成为出版商，都发展得不错。而自己好像一直都在"原地踏步"，并且无所作为。回家后，他一直在思考自己和同学的差别为什么这么大。

　　同样的专业可以对应不同的行业和不同的职业，在不同的行业和职业中将有不同的发展前景。随着社会的发展，不同行业有着不同的发展态势，相应的职业也会受到一些影响。张明只看到了当年自己专业的对口职业，而没有注意到相关行业趋势和职业发展的变化，未能及时调整职业生涯规划，导致最终只能"原地踏步"，而难以取得长足的发展。学好专业知识，了解行业发展趋势，明确职业发展方向，是大学生成功择业、就业的前提。

知识讲堂

一、认知专业

《现代汉语词典》(第7版)将专业界定为:"高等学校的一个系里或中等专业学校里,根据科学分工或生产部门的分工把学业分成的门类。"周光礼认为,专业是社会学的概念,指专门学业或专门职业,是围绕一定的培养目标将若干门课程组合在一起的课程群。从以上对"专业"这一概念的认知来看,主要有两种专业内涵观:一种是课程组织说,认为专业是一种课程的组织形式,这是一种比较普遍的认识;另一种是职业学业说,认为专业是专门的学业或职业。根据《2023年高职专科专业目录一览表》,专科专业分为19个专业大类,共有774个专业。

作为一名在校大学生,应该深入了解自己所学的专业以及相关专业,知道自己所学专业的特点,以及学好本专业需要掌握哪些技能和达到什么标准。对于即将择业的学生,还应该时刻关注自己所学专业对口的单位和岗位情况,特别是自己很有意向的单位的情况:它们对本专业学生有什么特殊要求,要掌握什么技能,达到什么学业标准以及拿到什么专业证书。

二、认知职业

1. 职业的定义

职业是参与社会分工,利用专门的知识和技能,为社会创造物质财富和精神财富,获取合理报酬作为物质生活来源,并满足精神需求的工作。根据中国职业规划师协会的定义:职业 = 职能 × 行业。

2. 职业的发展趋势

职业发展到今天,进入一个新的时期。新知识、新技术层出不穷,相应的产业结构将加快调整和升级,职业也因此呈现出一些新的发展趋势。

职业是随着社会的发展变化而变化的,人类社会已经进入知识经济时代,产业结构、行业结构、社会结构以及由此决定的职业结构将发生巨大的变化。由于体制改革,以及经济结构、产业结构的变化,某些种类的传统职业逐渐消亡,新职业不断涌现。据统计,现在每年平均有600多种新职业产生,同时有500多种传统职业被淘汰。比如,电话、传真、电子计算机技术的发展,使得诸如电报员、电报投递员等传统职业逐渐销声匿迹,但计算机出现以后,有了操作员、程序员、计算机销售员和维修工等多种职业岗位。

从总体上看,职业发展呈现出以下几种特点:

(1)社会职业的种类越来越多,职业出现的频率逐渐加快。

随着社会生产力的发展,社会分工越来越细,职业的种类也越来越多,现在职业已远远超过"三百六十行"。根据有关资料,我国隋朝有 100 个行业,到宋朝达到 220 个,到了明朝增至 300 个。中华人民共和国成立后,全国各种岗位的总和已达到 10 000 种。近年来,带货主播、物流师、心理咨询师、项目管理师、舞台灯光师、茶艺师等各种新型职业不断涌现。

(2)职业分工由简单到精细。

以农业为例,早期农业是指种植业,后来随着生产力的发展,种植业又细分为粮食作物种植业、经济作物种植业、蔬菜瓜果种植业等。再如建筑业,从原始的单一职业发展到现在的建筑设计、土建工程、装修等。

(3)社会职业结构的变化越来越快。

从农业革命到工业革命经历了数千年,从工业革命到新的产业革命只用了 200 多年,电子行业从产生到发展成为一个主要行业只用了几十年时间。

(4)职业活动的内容不断更新。

在不同的时代,同样的职业的内容发生了变化。例如,设计院的工程师以前使用图板、丁字尺、画笔设计图纸,而现在运用 CAD(计算机辅助设计)软件画图。再如,邮政业,古代靠骑马传送邮件,而现在除了用飞机、火车、汽车等交通工具传送邮件外,还使用电话、网络、传真等手段传送信息。

(5)脑力劳动职业增加。

随着教育、文化、科学技术等的发展,脑力劳动者逐渐增多。在我国,脑力劳动者和专业技术人员的比例也在不断增大。

(6)职业的专业化程度越来越高。

若不具备一定的专业能力,达不到专业要求,则不能从事该职业。例如,现在的研究

职业微视频——
客服人员

职业微视频——
土木工程人员

职业微视频——
销售代表

职业微视频——
幼儿教师

职业微视频——
主播

人员不只是研究者,还有可能是市场开拓者或者管理者。

（7）职业活动自由化。

主要表现在三个方面:① 职业活动场所自由化,如在家办公。② 职业活动时间自由化,如记者、律师、设计师等没有严格的上下班时间限制,以完成一定的工作任务为目标。③ 出现很多自由职业者,如自由撰稿人、作家等,他们没有具体的工作单位,以完成某项工作、某项任务的形式来履行职业职责。

职业微视频——
Web 开发工程师

（8）第三产业的职业数量大幅度增加。

随着科技水平的提高,第三产业的职业数量大幅度增加,其就业人数在发达国家已超过 50％。由于第三产业具有就业容量大、流动性大和弹性大的特点,因此将会吸引更多的高职院校毕业生。

三、认知行业

1.行业的定义

行业是指从事国民经济中同性质的生产或其他经济社会的经营单位、个体组织结构体系的详细划分,如林业、汽车业、银行业等。

2.未来最有前景的十大行业

（1）人工智能。

人工智能结合大数据进行计算,该领域包括机器人、语言识别、图像识别、自然语言处理和专家系统等。美国公司开发出的 ChatGPT 已经应用。人工智能已经开始应用到众多方面,如智能家居、工业生产、智慧物流、智慧社区、智慧汽车、智能医疗等,它将应用到商业领域的方方面面,具有很好的发展前景。

（2）大数据行业。

一直以来,大数据与商业密不可分。有了数据就能预测公众喜好,自然谁都想来分一杯羹。大家往往强调这些是私人数据,只为掩盖这样一个事实:数据不仅仅是个人数据,还是有商业价值和工业价值的。现在的企业无比依赖这些数据,要想盈利,最好的办法就是把这些数据的管理权抓到手。可以说,数据的全球流通实际上就是资本的全球流通。数据的全球流通对全球的财富和劳动力具有重大影响。未来,大数据就是金钱,而如何合理合法地掌握这些数据,正确地分析和利用这些数据获得金钱,将是一项重要工作。

（3）生物科技行业。

基因重组和细胞融合技术是近代生物科技的基石,近年来研究人员在这个基础上又研究出许多新技术,开发了新的应用领域,如蛋白质工程技术可以用来改进蛋白质的结构和活性,生物纳米技术可以用来制造生物传感器、生物晶片和药物输送系统,组织工程技术可以利用干细胞修补受损的器官,动物复制技术可以利用细胞核复制动物,等等。生物科技发展的目的在于治疗疾病,改善生活品质,提供不虞匮乏的食物以及保护我们居住的环境。

（4）健康医疗行业。

我国老龄化问题凸显,这不得不使社会和国家更加关注医疗健康问题,这将带动医疗设备、医药、智能医疗、VR（Virtual Reality,虚拟现实）医疗等行业的发展。除了老龄化问题以外,各年龄段的人们对健康的重视程度也越来越高,保健、运动、健康饮食方面也备受关注。

（5）新能源行业。

我国一直很重视新能源的发展,从环保、政治、经济发展各方面讲,发展新能源都是必然选择。新能源一般是指在新技术基础上加以开发和利用的可再生能源,包括太阳能、生物质能、风能、地热能、波浪能、洋流能和潮汐能,以及海洋表面与深层之间的热循环等。对于新能源的开发和商用,国家也出台了很多支持政策,包括补贴、降税、规定应用比例等。

（6）新材料行业。

石墨烯是目前世界上最薄、最硬、导电和导热性能最好的材料。除此以外,高品质特钢、高强度合金等新型材料在我国也将有很大的发展空间。

（7）环保行业。

由工业发展导致的环境问题引起了国家的高度重视。未来我国环保产业的结构将进一步调整,资源节约型产品、洁净产品的生产和资源综合利用技术将继续迅速发展,环境服务业的规模将逐步扩大。城市污水处理、污泥处理、脱硫脱硝等重点领域的环保投资将进一步增加,也会拉动环保产业的产值大幅度提高。

（8）金融服务行业。

该行业素来是人人羡慕的金饭碗,随着中国金融业的开放、外资银行的进入、国内金融体制的改革,民营金融机构和保险机构以及基金管理公司的数量在增加。中国金融市场正在走向国际化,对专业性很强的人才需求迫切。金融行业对人才的需求主要集中在高端市场。

（9）养老服务行业。

老龄化的不断加剧,不仅促进健康医疗行业的发展,还促进了养老服务中心的建设和发展。养老服务市场放开的步伐不断加快。

（10）泛娱乐行业。

泛娱乐，指的是基于互联网与移动互联网的多领域共同打造明星 IP（Intellectual Property，知识产权）的粉丝经济，其核心是 IP，可以是一个故事、一个角色或者其他任何大量用户喜爱的事物。以腾讯为例，它已从科技公司变成科技 + 文化公司，并陆续完成互联网与游戏、动漫、文学、影视、音乐、网上主播等文化领域互融的布局。这种以泛娱乐为代表的互联网文化，是有中国特色的，也是文化发展的一个新亮点。

四、专业和职业、行业的关系

一个人到大学求学，不管学什么专业，最终都要在社会上选定一份职业。职业 = 职能 × 行业。也就是说，我们要确定在什么行业从事什么内容的工作。俗话说："三百六十行，行行出状元。"这说明社会上有很多做不同性质工作的人，总有一些人能成为自己工作领域中的行家能手。不同的产业领域中有成千上万种不同的职业，而学校所设置的专业是学业分类，是从学科与技术的角度进行划分的。

从学生到职业人的转变

我们经常说专业和职业对口，就是指所选职业需要的技能正好就是所学的专业技能。在现实生活中，这种完全对口的情况很少，大多数情况下专业和职业不完全对口。既然如此，是不是学不学好专业课就无所谓了呢？当然不是！即使是不完全对口，与专业相关的知识在将来的工作中也会用到，这主要是因为以下几点：

1. 专业范畴大于职业范畴

大多数人一生的职业发展基本限制在某个专业领域内或者某个相关领域内，而相关领域的专业知识基本是相通的，而且人的职业生涯是发展的，刚参加工作的时候也许专业知识用不上，但是随着时间推移，职业接触面会不断扩展，所需的知识会越来越多，这也是很多人工作多年之后继续充电的原因。

2. 专业知识是职业的核心

不管所学专业和所从事职业是部分重合还是完全重合，整个专业知识仍然是职业的核心，职业道路的拓宽也是专业知识的延伸，所以掌握好专业知识有利于拓宽自己的职业道路。

3. 专业知识的学习方法可以用于以后的职业学习和深造中

即使个人选择的职业与所学专业根本不相符，所学的专业知识在整个职业生涯中的作用很小,在学习中使用的方法在很多情况下也是相通的,可以留作后用。

不管什么专业,学生在选择和学习时都应该了解该专业毕业生的就业方向、职业发展情况、行业前景,然后结合自己的兴趣、性格和能力来选择适合自己的职业。学好专业是选择职业和行业的前提。

探索与训练

第一步,了解专业就业方向的方法

请同学们分小组讨论自己会通过哪些方法来了解一个专业的就业方向。

第二步,了解一些职业和行业的特点

请访谈三位已经就业的人士,了解他们所在职业和行业的特点。

第三步,列出自己心仪的行业

请谈一谈你们认为接下来的 5 年里什么行业会发展迅速,然后列出自己心仪的行业。

小 结

本环节介绍了专业与职业、行业的关系,让同学们结合自身情况进行分析,从而更加清楚怎样做好专业准备工作,怎样选择职业和行业。

榜样人物

杨东帅的职业道路

杨东帅,男,中共党员,2006 年 9 月—2009 年 7 月在山东铝业职业学院学习,毕业后通过自学考试考入中国石油大学(华东),学习化学工程与工艺专业,现任山东某集团公司总经理助理。

2008 年 7 月,他进入山东某集团公司实习,从事产品质量检测工作。

2009 年 7 月,他正式到该集团公司新材料研究院研发中心从事新产品的研发工作。同年 9 月,加入"回收装置的某组合工艺"研发小组,对该技术进行研发试验,并申请专利。

2011年3月,他进入集团公司办公室担任办公室副主任一职,负责公司各种项目和各类奖项的申报以及人力资源工作等。同年,他参与国家标准《常温某试验方法》的起草工作。

2012年10月,他参加首席质量官任职培训,并顺利通过结业考试,取得首席质量官任职证书。

2013年9月,他担任集团公司办公室主任一职,全面负责集团公司办公室的工作。同年,他取得助理工程师专业技术职称。

2014年1月,集团公司成立综合管理部,他担任部长一职,负责综合管理部的全面工作。

通过杨东帅的经历我们可以看到,他先是通过专业获得了职业,又在职业发展中走上了不同的工作岗位。专业和职业虽然有时候相对独立,但仍然是密不可分的。

任务二 做好就业准备

教学目标		
【知识目标】	◎ 了解就业观念以及误区。	
	◎ 了解从学生到职业人的转换要点。	
【能力目标】	◎ 提前做好就业准备工作。	
	◎ 能做好从学生到职业人的转换。	
【素质目标】	◎ 树立正确的就业观。	
	◎ 脚踏实地,理性择业。	
	◎ 笃定目标,持之以恒。	

德育引领

党的二十大报告提出:"实施就业优先战略。就业是最基本的民生。强化就业优先政策,健全就业促进机制,促进高质量充分就业。健全就业公共服务体系,完善重点群体就业支持体系,加强困难群体就业兜底帮扶。统筹城乡就业政策体系,破除妨碍劳动力、人才流动的体制和政策弊端,消除影响平等就业的不合理限制和就业歧视,使人人都有通过勤奋劳动实现自身发展的机会。"

新时期,国家为大学生就业提供了良好的条件和环境,大学生要树立正确的就业观念,在校加强学习,提前找准方向,并做好准备。拥有真才实学必有用武之地!

知识讲堂

一、就业观概述

就业观是人们关于职业理想、就业动机、就业标准的根本观点和看法,是就业者的世界观、人生观、价值观在就业问题上的集中反映。就业观是大学生走向求职市场的思想先导,它支配着大学生择业的方向、定位和抉择。因此,正确的就业观能指导大学生在就业时做出理性、合适的选择。

二、影响大学生就业观的错误导向

1. 追求一步到位

很多大学生渴望在短时间内迅速找到理想的单位和工作,工资要高,工作要体面,上班不累,福利要好。这些要求集中到一个单位其实是很不现实的。有的大学生最初觉得所找的单位非常理想,可没过几天就大失所望。一般情况下,大多数大学生毕业后需要经过三次职业调整才能比较清楚地知道自己真正喜欢什么工作、社会又能提供什么工作,从而做到理想与现实的完美结合。

2. 强调专业对口

实际上,用人单位在招聘时看重的主要是综合能力,对于求职者到底学什么专业有时并不特别强调。有些外企到中国人民大学去招聘时会接收学历史和学中文的大学生,并不太看重求职者的专业背景,主要是看求职者的可塑性究竟有多大。在高等教育上,一直存在一些专业一拥而上的现象。这种重复的生产、低层次的培养,往往造成人才的巨大浪费。如果大学生将专业学得很窄,缺乏扎实的学科知识,将来很可能会在实际工作中捉襟见肘。

3. 过分看重起薪

起薪不等于永远。社会在评价一个人时,往往把收入看成一项重要指标,这当然无可厚非。但是,大学生在选择工作时把收入看得太重其实很不理智。很多大学生希望能够拥有一份高收入的工作,以减轻父母的压力,提高全家人的生活水平。这种想法是完全可以理解的。但是,如果在职业选择上把收入看得过重,会对职业发展产生消极影响。有时候一些用人单位问求职者对薪酬的看法,主要是想了解求职者对收入的态度,看求职者有没有比金钱更高的追求。很显然,一个具有高成就动机的人是很容易受到用人单位欢迎的。

4. 过于在意户口

很多大学生都想留在大城市工作,自然会遇到敏感的户口问题。在这方面,很多用人单位可能并不具备帮助求职者解决户口的能力。从长远发展的角度来看,国家将来很有可能取消落户限制。所以,户口不应当成为影响大学生今后发展的主要问题。很多外企和一些民营企业,不管求职者有没有户口,只要求职者能干就录用。所以,作为新时代的大学生,要具备国际化的视野、国际化的思维方式,否则在很多领域都很难在事业上取得真正的成功。

5. 过于看重干部身份

一些大学生过分看重自己的干部身份,认定自己将来无论从事什么工作都要留住干部身份,这样才能稳定,才有保障。实际上,这种观点也会随着国家的改革和发展而发生改变。

6. 抱怨创业艰难

从整个宏观经济发展的大局来看,国家对大学生的需求量还是很大的。某地有一个调查显示,当地的大学生中只有4‰的大学生有创业想法。在国外,像美国就有20%～30%的大学生去创业。很多大学生不愿意去创业,抱怨创业太艰难,而习惯于去应聘大的国有企业、大的事业单位。这种想法与整个时代的发展是极不相符的。经济越发展,越需要高层次的人才去创业。这不仅对企业发展有利,还对国家发展有利,对大学生个人的发展也极有帮助。现在的创业机会有很多,发展也非常快,只要观念更新了,创业就容易成功。

7. 起步就想登天

很多大学生老想干大事,对日常小事极为不屑。他们总认为,这些小事不应该是自己干的,自己就应该干大事。因此,大学生一到企业就恨不得马上当个副总,立刻拍案决策为企业获取巨额利润。这是很不现实的。

8. 一味地贪图稳定

大学生想要找一份稳定的工作,主要是受父母观念的影响。比如,国有企业是人们心目中比较稳定的选择,教师是跟国计民生相关的,有政府和国家支持,是比较稳定的工作。为什么很多大学生难以就业?关键就是缺乏经验,对社会各方面不太熟悉。因此,一份稳定的工作就成为他们的首要选择。但是,如果大学生想要获得事业上的长足发展,就不能一味地贪图稳定。当今中国社会需要高素质、复合型人才,要想成为这样的高级人才,不可能不吃苦。只有经受多方面的磨炼,才能成大器、立大业。总之,贪图稳定的大学生往往没有真正的发展前途。

三、树立正确的就业观

1. 做好长远规划,切忌一蹴而就

大学生在找工作时要克服一步到位的思想,必要的时候还要尝试曲线发展的实践。

为此，必须做好长远规划，稳扎稳打，在选择工作时应当更加务实，切忌理想化。

2. 重在学以致用，切忌作茧自缚

大学生在就业过程中不要将专业对口看得太重。专业对口固然好，如果不能做到专业对口，也不要轻易放弃。实际上，学校里学到的那些知识与技能还是非常有限的，即使是那些出类拔萃的专业人才，他们从学校里学到的知识远远不如在实际工作中学到的多、学到的新、学到的深。大学生应当注重学以致用，切忌作茧自缚。现在，国家强调建设学习型政党、学习型企业，作为个人，也要坚持终身学习。当然，生命有限，学海无涯，我们不可能将精力过于分散。但是，不注重学习，不注重运用，就很难在事业上获得长足的发展。所以，大学生一定要尽快摒弃"死守本行，不求变通"的观念，一定要尽快树立终身学习的理念，以满足科学技术快速发展的需要，千万不要让专业对口束缚了手脚。

3. 正确看待待遇，切忌唯利是图

大学生不要将待遇看得太重，而忽视用人单位的发展潜力。待遇问题是需要考虑的，必要的时候还应当努力争取。但是，不能将待遇看成选择工作的唯一标准。大学生第一份工作的收入并不是非常重要的。这份收入无论多少，只能说明你们的今天，不能说明你们的未来，要着眼于个人与用人单位的长远发展。事实证明，如果与用人单位在待遇问题上讨价还价以至于僵持不下，用人单位就会认为求职者是一个唯利是图、不堪重用的人。这不仅影响求职者的求职，即使勉强应聘成功，也会给求职者的未来发展带来难以预料的阻碍。

4. 走出户口情结，切忌门户之见

大学生在选择工作时必须走出户口情结，不要将用人单位能否解决户口看得太重。从长远来看，现行的户籍管理制度需要改革或者进一步完善，户口对大学生未来发展的影响势必越来越小，所以大学生切忌存有门户之见。

5. 客观审视自己，切忌高人一等

大学生既要善于客观地审视他人，也要善于客观地审视自己。这两点同样重要。现代社会强调平等观念，大学生理应与周围的人平等相处。即使是竞争对手，也要尊重其人格，在合情、合理、合法、合度的前提下，公开、平等地竞争，千万不要居高临下，处处显得高人一等。从求职技巧来看，用人单位也非常反感那些夸夸其谈，不把任何人放在眼里的求职者。实际上，有些大学生之所以表面上显得自高自大，是因为自卑自怯的心理在作祟，当然，观念上的误区也是其中一个原因。

6.理性看待创业,切忌因循守旧

面对日益严峻的就业形势,党的十七大曾提出要"以创业带动就业"。面对这一创业浪潮,大学生应当责无旁贷地承担起自身的责任。从大学生群体的角度来看,与其一味地依赖和消极地等待国家的救助政策,不如挖掘自身潜能,借助现有的优惠政策,认准方向,主动出击。因此,毕业后开始进行创业实践是大学生一个比较实际和比较理想的选择。当然,这需要这些大学生具备过人的胆识、非凡的德行和高超的技能。现在,政府已经给大学生创业提供了越来越多的优惠政策。但是,大学生创业要想成功,除了这些优惠政策之外,还要进行不懈的努力。只有理性看待创业,切忌因循守旧,才能脱颖而出,成为大学生创业者中的佼佼者。

7.从基层做起,切忌好高骛远

除了极个别的大学生之外,大多数大学生需要从基层做起,这是一个必须正视的现实问题。很多大学生怀有雄心壮志,希望在有生之年干出一番事业,这是非常可贵的。但是,凡事在宏观上要重视战略,在微观上要重视战术。只有从基层做起,才能对中国社会有一个清醒、深刻的认识,才能真正找到既能发挥自身专长,又能满足现实需要的立足点,用自己的聪明才智开创出非凡的事业。即使是国家领导人,也需要从基层一步一步干起来,正所谓"不积跬步,无以至千里;不积小流,无以成江海"。

四、做好就业准备

(1)在了解企业时,首先要对目前的社会、经济发展和就业形势,特别是大学生的就业形势有一个清醒的认识,知道:当前大学生就业到底是难还是不难;如果难,究竟难在哪里。

(2)要对本行业、本专业的人才需求和供给有一个正确的估计,根据人才市场热门专业和冷门专业的现状,预测自己的就业前景。

(3)要熟悉企业(招聘单位)的用人条件和标准,对照自我评价的结果,选择适合自己的职业,做到扬长避短、人职匹配,尤其是要提前获得相关的职业资格证书。职业资格证书是劳动者求职、任职、开业的资格凭证,是用人单位招聘和任用劳动者的主要依据。

国家职业资格考试

职业资格是指对从事某职业所必备的学识、技术和能力的基本要求,包括从业资格和执业资格。从业资格是国家规定专业技术人员从事某种专业(工种)工作的学识、技术和能力的起点标准。从业资格通过学历认定或考试取得。执业资格是国家对某些责任较大,社会通用性强,关系国家、社会公共利益的专业(工种)实行的准入控制,是依法独立开业或从事某种专业(工种)工作所需学识、技术和能力的必备条件。执业资格通过考试取得。从业资格和执业资格反映了职业资格的不同层次。获取从业资格只证明自己已达到从事某职业对人所掌握知识、技能的最低要求,而获取执业资格则反映自己已达到独立开业或独立从事某种专业技术工作所需要的专业知识和技能水平。

(4)要对应聘单位的管理流程和企业文化有较为深入的了解,这不仅可以增大被录用的概率,还可以为今后的发展奠定基础。

(5)要学习《中华人民共和国民法典》中关于劳动合同、协议等的法律知识,能保护自己的合法权益不被侵犯。

签订劳动合同时的注意事项

(1)签订劳动合同时,一定要弄清用人单位的基本情况,判断其是不是合法企业,要清楚企业的法人代表的姓名、单位地址和电话,这些信息可以通过上网查询工商登记信息获取,同时要求将这些内容明确地写在劳动合同中。

(2)一定要知道自己的具体工作内容和工作地点,而且要在劳动合同中写明,如果不写进劳动合同,可能发生单位要求求职者去其他工作地点工作或者换个工作岗位的情况。

(3)签订劳动合同的时间必须在入职后一个月之内。如果超过一个月未签订劳动合同,劳动者可以申请劳动仲裁,要求用人单位支付未签订劳动合同的双倍工资(最多 11 个月)以及违法辞退的赔偿金。从劳动者离职开始算,劳动仲裁时效为一年。

(4)试用期的相关规定。根据《中华人民共和国劳动合同法》第二十一条,劳动合同可以约定试用期。试用期不得超过六个月。

(5)要明确劳动报酬的支付方式是现金还是通过银行支付到账户中,以及具体的支付时间。有些单位采取扣发员工一个月工资的方式来拴住劳动者,这种行为不具有法律效力。

（6）要明确工资的金额，并详细写在劳动合同中。比如，工资组成方式为基本工资＋绩效工资，那么绩效工资的详细计算方法及发放时间都必须明确写进劳动合同。此外，加班费等相关内容也需要写进劳动合同。

（7）不要签空白劳动合同。空白劳动合同是指企业为应付检查，拿出空白合同先让求职者签名、按手印，走一个过场，有的劳动合同甚至没有盖章。一旦发生劳动争议，这类劳动合同是无效的，同时求职者的维权成本也会很高。

（8）要注意劳动合同是否约定了非法内容。有些合同约定了不合法的内容，要注意。例如，女职工不得结婚生育，因工负伤的工伤自理，要求劳动者签订生死契约，等等，这些条款在法律上无效，求职者可以拒签。

（9）劳动合同盖章后，劳动者本人和用人单位要各保管一份。劳动合同是后期发生劳动纠纷时最有效、最重要的证据，所以求职者一定要妥善保管。此外，即使有劳动合同，求职者也一定要保存好能够证明劳动关系的证据，如工资条、入职面试纸条、工作证件、体检表格、单位签字等。这些证据在发生劳动纠纷时都会提供非常重要的帮助。

五、做好从学生到职业人的角色转换

为什么初入职场总是不适应，因为同学们内心在不自觉地比较职场状态和校园状态的差距。校园生活是轻松愉悦的，是不用承受很大压力的。职场状态是什么样的？有一定的工作节奏，会给员工分配相应的学习任务和工作任务，有职场规矩束缚员工的言行举止，最为重要的是，员工将要通过自己的劳动赚取薪酬、获得公司的认可，从而保障自己的生活正常进行。面对如此天翻地覆的变化，必须丢掉过去，丢掉自己的"学生气"，保持空杯心态，清空过往所有的成就，就是忘记在大学里学习和生活的状态，将自己当前面临和拥有的进行重整，保持一个新人从零学习和提升的心态，从而保持活力与积极性。

1. 从被动等待到主动行动

主动是将头脑中的想法转化成实际的行动，并且最终深化目标价值的过程。无论是在真实的职场中拼杀，还是在学校中遇到任务，我们都不应该仅仅只局限于他人交代任务时的字面意义，而是要在任务背后再多做点儿什么，将其中内含的价值深化。

2. 从关注自我到心系团队

《给予的力量》一书中提出了一条价值法则，即一个人的价值 = 给予他人的价值 −

自己获得的回报。在求职过程中,我们普遍发现,求职者在回答关于薪金的问题时,往往强调为什么要取得薪金,而忽视为什么自己值这样高的薪金。其实,我们现在就应该问问自己:我能带来什么价值? 在大学生活中,我能怎样提升自己的价值?

处于现阶段迷茫的我们,也许对于企业的价值不仅仅在于专业技能,更在于年轻,因为年轻意味着充沛的精力、新鲜的想法和工作有激情。在就业之前要认真思考自身价值,为好好利用在校时间提高自我价值做好准备。怎样提高自我价值? 应该走出舒适圈,挑战现状。

3. 从即时回报到踏实敬业

刚就业时,不同的求职者有着不同的起点。在工作中,努力并不代表马上可见的回报,这就要求我们静下心来,认真做好"厚积",脚踏实地。值得指出的是,开始领先并不等于永远领先,初步落后并不代表永远落后。在工作中,我们要相信自己拥有潜能,要从经验、失败中获得智慧,并充分发挥团队的力量。面对一定的成功、成果,应该有清醒的自我认知,将心态调整到永无止境地追求卓越的状态,继续进步。

4. 从完成任务到追求结果

跟进是确保任务完成的最好方法。任务开始于对任务的规划,任务的终结要到做出成果并被最终认可。对于任务结果的呈现,需要细心策划、踏实工作等一系列品质来保证。完成任务一定意义上只是流于表面,任务进程结束后的结果与影响却没有被及时反馈,要保证结果不只是口头结果,追求结果保证了工作环节的高效衔接。

刚刚步入职场的你们也许会迷茫,会不适应,会感受到前所未有的压力。但是请不要过于焦虑和着急,给自己一点儿时间去消化和调节,给自己一点儿自信和鼓励。随着经验的慢慢积累,相信你们一定能在属于自己的领域里做出想要的成绩!

探索与训练

第一步,评出最具实力之星

请同学们分享一下自己取得的职业资格证书,并说出还希望获得哪些证书。统计所有同学取得的证书情况,评出最具实力之星。

第二步,举行辩论赛

请全班所有同学分成两组,任意选择一个辩题进行辩论:一个辩题是就业要到大城市和风口行业(反方:就业要避开大城市和风口行业);另一个辩题是就业需要在大一时就开始准备(反方:就业不需要从大一时开始准备)。

小 结

本环节介绍了正确的就业观念,从就业准备的具体事项入手,引导同学们树立正确的就业观,学会保护自己的合法权益,及时做好从学生到职业人的转换。

👍 榜样人物

就业再择业,让他快乐前行

小崔大学时学的是日语专业,毕业后加入了茫茫的就业大军。那时候的他面临着从象牙塔里的一名学生到社会大熔炉中的一员的角色转变。"没有经验,没有人脉,刚毕业那会儿,我特别茫然无助,所以无法给自己定位,就想赶紧找个工作,不再依靠父母。"于是小崔开始一次次地参加招聘会,人挤人的场面、残酷的竞争让他至今难以忘记。在他的努力下,终于一家著名的汽车生产公司向他抛来了橄榄枝。

进入这家著名的汽车生产公司之后,小崔被安排在了生产线上,主要负责汽车检验。虽然是最基础的岗位,但是他没有抵触,他说:"谁不是从基层做起的,找工作就不能眼高手低,要一步步地来。"就这样,小崔开始了他的第一份工作,每天三班倒,有时为了替工友当班,他24 h都不休息,"只要是当班,几乎就没有休息时间,因为生产线不能停工"。那时候下了班的他累得手都抬不起来,但是他一直兢兢业业,得到了同事的一致好评。

工作的单一化始终是小崔的一个心病,但是当时他并没有想换工作,直到有一天,工友的建议拨动了他心里的一根弦。"那是一个40多岁的前辈,他告诉我,他在这个岗位上干了20多年,工资只比我多1 000元,每天干的工作几乎一样,20年如一日,单调乏味。他建议我,年轻人要多出去闯荡。"听了工友的建议,小崔开始思考自己究竟要找一份什么样的工作,他开始重新给自己定位,最终决定放弃这份工作,找一份和自己专业相关的工作。

小崔很快就辞职了,经过几番努力后,学日语的他终于进入一家日资公司,当时他想做的是日语翻译,但是由于没有翻译的工作经验,他阴差阳错地做起了销售。"都说销售锻炼人,就先做着吧,慢慢地往翻译上奔。"小崔说。第一次去推销时,客户并没有理他,但是他也没有气馁。"我这个人吧,就是脸皮厚,干什么都不怵头,而且我觉得只要真心对待客户,终有一天他们会被我打动。"

不言放弃的小崔一直奔走在销售一线，终于有一天他的执着打动了客户，拿下了几个大的订单，慢慢地他也喜欢上了销售这个职位。"在工作过程中，我总结了做销售的经验，首先是必须对金钱敏感，其次是一定要放下身段，拉下脸面。"就这样，从他跟客户要订单转变成了客户跟他要订单，小崔的业绩迅速提高。

然而，好景不长，逐渐将自己融入公司的小崔发现他在工作方面的价值观和公司的企业文化不尽相同。"虽然我的业绩不错，但是我个人并不是太在乎业绩，而公司却很看重这一点，这就引起了内部恶性竞争，在这样的环境下，人就会比较压抑。"小崔说。那段时间，虽然他喜欢销售这个工作，但是工作的大环境让他很不开心。"后来，我就萌生了换一份工作的想法，但是第二次换工作和第一次时不一样，这次我只是想换一个工作环境，而且这次我也确定了职业发展方向，就是做销售。"

机缘巧合下，小崔开始了他的第三份工作。"这次我依然是做销售，但是换了个行业，主要从事润滑油营销，因为有朋友对这方面比较了解，所以我做起来也比较顺手。"为了做好销售，他深入生产一线，了解产品的生产运营。同时，他还研读了很多市场营销方面的书籍，进一步把销售功课做足。

功夫不负有心人，如今的小崔已经成为某著名润滑油的销售总代理。他不仅有了固定的客户群，业绩、收入也相当可观。"虽然每天很累，但是充实并快乐着，因为在不断的选择中我找到了适合自己的行业，从事着自己喜欢的职业，又恰巧把自己放进了合适的工作大环境，这样一来，未来的规划就会变得清晰，目标也很明确。"

从小崔的例子可以看出，他属于先就业后择业这一类型。小崔认为人生的定位不是一蹴而就的，尤其是找工作，要一步步探索着来，在实践中一旦发现适合自己的职业与行业，就要踏实努力地干下去。同时，小崔也给求职者提出了建议："求职者最好在大学时把需要的证书考过，在求职过程中对自己进行明确的定位，知道自己想要的是什么。经过抉择找到自己真正喜欢且有潜力的工作，这样才会充实和开心，才会每天都有奔头。"

任务三　求职秘籍

教学目标	【知识目标】	◎ 搜集就业信息，掌握求职技巧。
		◎ 用心制作简历，提高面试能力。
	【能力目标】	◎ 选择合适的职位，制作优秀的简历。
		◎ 做好求职准备，从容应对面试。
	【素质目标】	◎ 找准方向，坚定信心。
		◎ 不卑不亢，真实诚恳。

德育引领

　　小王是某高校英语专业的毕业生，在校期间考取了教师资格证书。为了尽快找到用人单位，小王将简历中的求职意向填写为翻译、中学英语教师，并将简历通过网上搜索出来的用人单位招聘邮箱发给20多个科研机构或学校，用普遍撒网的方式以期尽快就业。结果数月过去了，还是没有用人单位回复小王的信件，小王感觉很迷茫。

　　大王在取得了华盛顿大学中文系博士文凭后的一天，看到了舒利文公司的招聘广告，上面要求：求职者要有商学院学位，至少有三年的金融行业工作经验或银行工作经验，能开辟亚洲地区的业务。大王很快就整理好个人资料寄了过去。此后，她每天坚持与该公司联系，以致该公司人事部门的人员一听到是她的声音便想着用各种理由婉拒。最后，她鼓起勇气拨通了舒利文公司总裁的电话，并在电话里坦言："我没有商学院学位，也没有在金融行业的工作经验，但我有文学博士学位。我在读书期间遇到了许多歧视和困难，我不仅没有退缩，反而变得越发坚强……我相信贵公司会为我提供一个施展才华的平台。如果贵公司感觉在我身上投资风险太大，可以暂时不付我工资。"总裁最终被打动，让她来公司参加面试。经过七轮严格的筛选，她成了那次面试中唯一的胜利者。

　　如今，大王在华尔街成立了自己的公司，专门为美国跨国银行与中国跨国企业提供全球人力资源与企业的管理咨询等业务,在华尔街工作的华人至少有2/3的人都能叫出她的名字。

面对求职问题,大王和小王给出了不同的答案。小王没有对自己的职业进行精准的定位。为了尽快实现入职,高校毕业生应结合自己的兴趣爱好和所学专业等因素,在充分了解就业形势和就业政策的基础上,对自己的职业进行准确定位,制作求职简历。投递简历时要做到有的放矢,选择适合自己专业和职业发展的岗位,并与招聘单位积极沟通,主动询问应聘结果,避免普遍撒网、急于求成式地投放求职简历。大王不但主动询问应聘结果,面对面试无望这一"窘境",也没有气馁,而是鼓起勇气给总裁打电话,坦诚地向他表明了自己的不足之处,也及时且适时地亮出了自己的优势,达到了扬优补劣的效果。惊人的胆量加上与众不同的优势帮她赢得了很好的工作机会。

青年大学生求职时一定要吸取失败的教训,不断总结经验,相信你们一定会找到能够展示自我的舞台。

知识讲堂

一、搜集就业信息

1.就业信息的内容

大学生在求职过程中需要通过各种渠道搜集就业信息,这些信息大致包括以下四个方面:

(1)就业的相关政策和法规。

就业政策和法规既包括国家的就业方针、原则、政策及相关就业规定,如《中华人民共和国劳动法》《中华人民共和国劳动合同法》《中华人民共和国反不正当竞争法》《中华人民共和国国家公务员暂行条例》等,也包括地方的用人政策,如求职地的招聘政策、人事代理的规定、落户政策等。

(2)就业市场的供需信息。

就业市场的供需信息包括社会经济发展形势、当年毕业生总的供需形势、社会各行业和各类企事业单位的经营状况以及对毕业生的需求等。特别要重点把握本校、本专业毕业生的社会需求状况。

(3)用人单位的信息。

用人单位的信息包括用人单位的性质、经营状况、业务范围、发展前景、福利待遇、对人才的重视程度、是否需要所学专业的人员,以及对毕业生的具体安排和使用意图等。

（4）其他信息。

其他信息包括就业安排活动信息、成功择业的经验和教训等，如举办招聘会或供需洽谈会的时间、召开企业说明会的时间、择业过来人的择业经验与教训、就业指导教师的建议等。

2. 搜集就业信息的原则

搜集就业信息是求职择业的基础，因此必须利用各种渠道和途径及时、广泛、全面、准确地搜集就业信息，为择业做好充分的准备。

（1）精准性原则。

由于社会生产力发展迅速，人才流动频繁，用人信息更新速度变快，社会上在同一时间存在来自四面八方的用人信息，让求职者难辨真假。所以，大学生在搜集就业信息时，应多观察、勤思考，以确保获得的就业信息准确和真实。对于一些不是十分清楚的就业信息，要及时与用人单位联系或请教他人，搞清用工意图，以免上当受骗。

（2）时效性原则。

时效性是信息本身的重要特性之一，信息只有在规定的时间内才有效。就业信息的时效性更强，在就业信息发布的有效期限内，如果招聘单位完成了招聘计划，已经与求职者达成协议，那么就业信息自然就失效了。因此，毕业生应及早地对就业信息做出应有的反应，切忌使重要的就业信息成为明日黄花，错失良机。

（3）针对性原则。

随着人才市场的发展，就业信息日益增多，如果在信息搜集时不注意适用性，那么就可能在众多的就业信息中把握不住方向，从而捕捉不到真实的、有价值的信息。这就要求毕业生在搜集就业信息时，必须充分结合本校和本专业的特色、本人的实际情况，减少求职的盲目性。

（4）系统性原则。

就业信息的搜集要求具有系统性、连续性。许多就业信息是零碎的，这就要求求职者善于将各种相关信息积累起来，经过加工、提炼，形成一种能客观、系统地反映当前就业市场、就业政策、就业动态的就业信息，从而为择业提供可靠的依据。

（5）计划性原则。

作为信息搜集者，首先必须制订信息搜集计划，明确信息搜集的目的。只有明确了目的，搜集就业信息时才有方向，才能发挥主动性。其次要做到有的放矢，即明确所需就业信息的内容是有关就业政策的、动向的，还是有关用人单位需求信息的。最后选择搜集信息的方法和渠道。

3. 搜集就业信息的方法

（1）全方位搜集法。

把与所学专业有关联的就业信息尽可能全面、完整地搜集起来，再按一定的标准进行整理和筛选。这种方法获取的就业信息广泛，选择余地大，但需要花费大量的时间和精力，并且缺乏针对性。

（2）定方向搜集法。

根据选定的职业发展方向和求职的行业范围来搜集相关信息。这种方法以个人的专业方向、能力倾向和兴趣特长为依据，便于找到更适合自己特点、更能发挥个人价值的职业和单位。需要注意的是，当选定的职业发展方向和行业范围过于狭窄时，有可能大大缩小选择余地，特别是选定的职业发展方向是竞争激烈的热门职业时，很可能给下一步的择业带来较大的困难。

（3）定区域搜集法。

根据个人对某个或某几个地区的偏好来搜集信息，而对职业发展方向和行业范围较少关注，这是一种重地区、轻专业方向的信息搜集方法。按这种方法搜集信息和选择职业，可能由于面向的地区狭小或地区过热（有较多择业者涌入该地区）而造成就业困难。

4. 获取就业信息的途径

就业信息是广泛的，并不局限于需求的数量，还包括对人才素质的要求、单位的隶属关系、单位的性质和发展前景等。因此，必须充分利用各种渠道和途径准确地搜集与择业有关的信息，为择业决策做好充分的准备。毕业生获取就业信息的途径主要有以下几种：

（1）高校就业指导中心。

当前就业形势严峻，各高校都专门设立了为毕业生就业提供服务的机构，学校是搜集就业信息的主渠道。所搜集的就业信息主要是由招聘单位针对高校学科专业设置提供的，准确性高、权威性高、对口性强、可信度大。

（2）人才交流会和供需见面会。

人才市场是指包括单位自主择人、个人自主择业、中介组织提供中介服务在内的人才流动体系。它可以让毕业生和用人单位直接洽谈，相互了解，易于获得更为全面且丰富的信息。通过人才市场求职，要尽量选择为毕业生量身定做的招聘专场。毕业生专场招聘会是专门为毕业生和用人单位双向选择提供服务的。

供需见面会只针对当年的应届毕业生，招聘单位以机关、事业单位和国有企业为主。近年来,集体企业、民营企业、"三资"企业所占比例有上升趋势。参加此类见面会,毕业生要切记注意自己的形象。

（3）社会实践与实习。

学生参与的社会实践、实习与专业紧密相关,针对性强。通过实习和社会实践,毕业生对单位的了解或单位对毕业生的了解会更全面。这类获取信息的方式应该贯穿学生在校期间的始终。如果说实习单位有意向进人,实习生很可能就是其要考虑的第一个对象。每年通过实习落实就业单位的毕业生都占很大比例。

（4）社会关系。

个人的接触面总是有限的,拓宽社交范围会得到更多有价值的信息。亲朋好友、老师及其他社会关系统称为"人脉",是最直接的社交资本。大学生就业,不仅要靠自己的人力资本,还要充分动用自己的社会资本。在国外,通过社会关系获得工作的人所占的比例很大,介绍人需要以个人的性格魅力为被举荐者提供信用和担保。通过这种渠道获取信息往往签约迅速,成功率较高。

（5）媒体。

媒体包括报纸、杂志、广播、电视等各种新闻媒介。每年毕业前夕,各种媒体都会发布很多招聘信息,毕业生应关注媒体发布的相关信息。例如,教育部为全国高校毕业生就业指导中心主办的《毕业生就业指导报》,就是专门为毕业生就业服务的专业性报纸,它定期为毕业生提供就业信息。这种途径获得的信息覆盖面广、竞争性强、快速及时但成功率较低,而且内容庞杂,需要甄别与筛选。

（6）招聘广告。

有些用人单位会公开在校园或者媒体上公布招聘信息。如果是本地的公司,求职者最好能上门拜访,一方面了解自己应聘的可能性,另一方面了解公司的实际情况。对于外地的公司,如果是知名企业,可以根据要求直接将自己的应聘材料寄过去;如果是不知名企业,必须慎重,不能仅凭广告而轻信对方的承诺。为了确定所应聘的公司的真实性,最好上网查看。一家比较大的企业如果连一个像样的网站都没有的话,是非常值得怀疑的。

（7）网上招聘。

随着互联网的普及,通过互联网获取就业信息成为当代大学毕业生就业的重要渠道。毕业生可以通过专业的招聘网站,以及企业官方网站、地方政府网站和学校网站上的就业信息求职。除了从网上获取就业信息外,毕业生还可以通过网络发布个人信息去求职,在网站上留卜自己的简历、求职意向等关键信息,让用人单位精准地找到自己。目前,网上求职已经成为毕业生求职的重要渠道。

二、制作应聘简历

个人简历是介绍个人身份、学业、经历和性格特征等的书面材料,是求职者为自己制作的"产品说明书"。一份优秀的个人简历是开启事业之门的金钥匙,如果招聘人员对求职者的简历感兴趣,则意味着该求职者迈出了求职成功的第一步。

1. 简历的要素

个人简历是求职者发给招聘单位的个人简要介绍,一份标准的简历包括个人基本信息(姓名、性别、年龄、民族、籍贯、政治面貌、学历、联系方式等)、教育经历、工作经历(实习经历)、荣誉与成就、英语水平、计算机技能、自我评价、求职意向等要素。

2. 简历的功能

(1)针对具体工作,对求职者的经验和技能进行系统的盘点和评估。

(2)面试时面试官提问的重要参考,求职者回答提问的重要提示。

(3)推销自己以获得面试机会的工具。

投递简历最直接的目的就是争取面试机会。所以,简历不仅要盘点求职者的资源和优势,还要考虑如何打动招聘者。正如广告,简历要发挥四种功效:吸引注意力、引起兴趣、描述成就、激发行动。因此,简历要用简明扼要的文字吸引招聘者的注意力;要围绕岗位要求告诉招聘者你是谁,你干过什么,你能干什么,你具备哪些知识和技能,你希望做什么;必须包括足够的信息以便招聘者对你感兴趣并评估你的资质;必须能够激起招聘者足够的兴趣,从而邀请你进行面试。

3. 简历的制作原则

(1)十秒钟原则。

所谓"十秒钟原则",即一份简历要能够在 10 s 之内通读完。一般情况下,现在毕业生的简历长度以一张 A4 纸为限(即制作单张简历),简历越长,被用人单位认真阅读的可能性越小。所以,简历制作好以后,请权衡一下是不是能够在 10 s 内看完所有自己认为重要的内容。

(2)清晰原则。

清晰的目的就是便于阅读。制作简历就像制作平面广告一样,排版时也需要综合考虑字体的大小、行间距、段间距、重点内容是否突出等,既不要为了节省纸张,排得密集局促,令人阅读时感到吃力;也不要出现某一页只有几行字,留下大片空白的情况;还要注意版面不要太花哨。毕业生在求职过程中通常使用计算机打印的文稿,如果自己的字写得不错,不妨手写一篇工整、漂亮、简短的简历,这样的简历别出心裁,肯定会吸引用人单位的注意。

（3）针对性原则。

如果公司要求应聘者具备相关行业的经验和良好的销售业绩,就要在简历中清楚地陈述有关经历和事实,并把它们放在突出的位置。如果公司要求应聘者具备良好的英语口语能力,简历中则应提到自己曾在外国西餐厅打工、在学校获得过英语演讲比赛一等奖等。

（4）客观具体性原则。

简历中通常会涉及对自己的评价,这时应当力求客观公正,包括行文中流露出的语气,要做到八个字,即诚恳、谦虚、自信、礼貌。这样会令用人单位对应聘者的人品和素质留下良好的印象。事实上,比起重视技能和学历,越来越多的企业更加重视求职者的品行、开拓精神与合作精神。总的来说,在制作简历的时候既不能妄自尊大,也不能妄自菲薄,分寸的把握非常重要。要特别注意避免夸夸其谈,也许适当地坦陈自己经验或其他方面的某些不足反而更能赢得好感。切记,在描述工作经历或实习经历时,不要只列出过去的职责,而应该强调如何做出成果、如何开展新的业务、如何节省开支、如何创新和引进新理念等。此外,在简历中使用精准的事实和精确的数据把成就写清楚,效果会更好。例如,要说明通过自己的努力,公司产品的销量得到提高,用"销量比以前提高了20％"这样精确的数据远比在简历中写"大大提高了销量"效果要好得多,也更易使人信服。

（5）准确性原则。

在制作简历的时候,千万不要使用拗口的语句和生僻的字词,更不能有病句、错别字。英文简历要特别注意不要出现拼写错误和语法错误,一般招聘人员考察应聘者的外语能力就是从一份简历开始的。除此之外,简历的行文也要注意准确、规范。大多数情况下,简历作为实用型文体,句式以简明的短句为好,文风要平实、沉稳、严肃,以叙述、说明为主,动辄引经据典、抒情议论是不可取的。

（6）真实性原则。

简历最重要、最基本的要求就是真实。诚实地记录和描述,能够使阅读者首先对求职者产生信任,企业对于求职应聘者最基本的要求就是诚实。诚实的品格对于刚走上社会的应届毕业生尤其重要。用人单位阅历丰富的人事经理,对简历有敏锐的分析能力,遮遮掩掩或夸大其词终究会露出破绽。所以,与其费尽心机,不如老老实实。只要有真才实学,总会有属于自己的机会。

（7）重点性原则。

简历中需要强调的部分采用粗体字,比如自己独有的经历,如读的名校、参加过的财富论坛、与某位知名人士的接触等。但是,也不要用太多花哨的字体或斜体字,这样会分散对方对于重点信息的注意力,只要能够突出整篇简历的重点即可。

4. 简历的制作技巧

（1）言简意赅。

制作简历不是写文章,也不是信息的堆砌,招聘人员不会"阅读"求职者的简历,只会快速"扫描",寻找他需要的信息。所以,简历的文字必须简洁,在很短的篇幅之内简洁明了地涵盖所有重要的信息,易于扫描,令人眼前一亮。因此,制作简历时需要掌握以下四个要点。

① 避免使用长句及连接词,尽可能使用短句,甚至短语。

② 潜在雇主关心的是"你做过什么""你能做什么",恰当地使用行为动词可以展现自己的能力和成就,让自己的简历更具说服力。例如,增长、加速、简化等行为动词展现了个人成就;传授、指导、搜集、校对、指挥、激发、说服、设计、评估、观察、审计、操作等行为动词展现了不同方面的能力。

③ 用数据来说话。用数据将自己的成就和业绩表现出来,远比使用抽象的形容词或程度副词效果要好得多。

④ 让结果来说话。求职者取得的成就和业绩是个人能力的最佳证明,要在简历中突出出来。

（2）强化优势。

求职者通过网上求职,用人单位人事经理的招聘邮箱或者电子简历库里每天都会收到成千上万份求职简历。如何让自己的简历在这成千上万份简历中脱颖而出,成功吸引人事经理的注意呢?有一个技巧,那就是——简历上一定要注意强化优势。所以,求职者一定要在这方面下功夫,要在情况属实的前提下仔细加工。比如,你的托福成绩或者四、六级分数很高,不妨在简历中开门见山地写出来以突出你的优势。除此之外,在突出自己的优势之前,对于不同的企业、不同的职位、不同的要求,建议毕业生们事先进行必要的分析,有针对性地设计和准备简历。盲目地将一份标准版简历大量拷贝,效果会大打折扣。

（3）成绩处理避免"短板"。

在制作简历或者在网上按照用人单位设计好的简历模板填写简历时,经常会遇到填写校内成绩这一项。那么,在填写时除了讲究真实性原则外,还有没有其他技巧呢?如何在真实的基础上达到较好的求职效果呢?同学们在填写成绩时,总的来说有这样几种方法可以避免"短板":成绩好的,写明成绩和排名;成绩一般的,只写排名或者获奖情况;单科成绩好的,可以把单科成绩列出。这样做,不仅保证了简历的真实性,还能扬长避短,较易赢得用人单位的青睐。

(4)实习经历有所取舍。

中国有句古话"积少成多",在填写实习经历时,是不是写得越多越好呢?答案显然不是。大部分学生所做的实习都是和专业或求职相关的,一般人的实习经历都比较对口,但是有些同学因为实习经历相对较少,怕简历内容不够,于是就把做家教、导游、编程和管理等一大堆风马牛不相及的经历写到一起,这样似乎显示出实习经历丰富,但容易让用人单位认为应聘者职业生涯规划不清,最终弄巧成拙。

5.网上投递电子简历的技巧

(1)向大公司靠拢。

人事经理在简历库中搜索简历时,一般会设置关键词"知名企业名称＋职位名称",系统则会自动搜索并显示出简历中出现以上关键词的求职者。如果求职者的简历中含有以上关键词,就会增加求职面试的机会。

(2)经常刷新简历。

当人事经理搜索简历时,符合条件的简历是按刷新的时间顺序排列的,经常刷新简历可以获得更多的求职机会。现在,很多毕业生都在招聘网站上注册了会员并填写了简历,一定要在求职期间多刷新简历,这样才能保证简历在人事经理搜索、浏览时排在前面,从而获得更多的求职面试机会。

(3)新颖的邮件标题。

一个人事经理每天都会收到大量的求职电子邮件,如何才能让自己的简历吸引人事经理的注意,让他先打开呢?只有标题新颖才有机会被打开。

(4)千万不要把简历只作为附件发出去。

在用电子邮件发送简历时,尽量不要用附件的形式发送,而应该把简历的内容复制、粘贴到邮件中发送。

(5)其他注意事项。

① 用项目符号标示,使简历易于阅读。

② 最好只用一张 A4 纸。

③ 提供真实的信息。

④ 尽可能多地列出联系信息,让用人单位能轻松联系到自己。

⑤ 要突出重点,让用人单位一眼就能看出我们想做什么、擅长做什么。

⑥ 用"总之"或"综述"来突出重点。

⑦ 功能性简历要围绕职业技能组织,在列出三四种技能后,要表明自己如何证明那些技能。

⑧ 不要用人称代词"我""我的"。

⑨ 不要忽略过去工作的地点(城市、省等)。

⑩ 避免用"工作"这个动词,用"合作"更好。

⑪ 要强调可转换的技能,特别是在没有多少经验或考虑换工作时。

⑫ 在可能的情况下,要定量,用数据告诉用人单位自己管多少人、增加销售的百分比、开发多少产品等。

⑬ 教育部分要按学位名称、专业名称、大学名称、毕业时间、辅修和学习成绩的顺序排列。

⑭ 不要列出高中以下的学习经历。

⑮ 不要包括爱好或其他无关信息。

⑯ 认真校对,拼写错误和打印错误都是不可原谅的。

三、面试

1. 面试的目的

一般来说,用人单位通过面试可以获得关于求职者较多的信息,有时甚至会出现用人单位设计之外的情形。总体来说,面试主要有以下几个目的:

(1)考察求职者的求职动机与工作期望。

(2)考察求职者的仪表、性格、知识、能力、经验等方面。

(3)获取笔试中难以获得的信息。

一般来说,大机构会将面试的目的分成筛选和挑选两种。从面试目的来看:筛选是为了筛去多数应聘者,留下最符合条件的求职者;而挑选是在少数合格者中确定最终人选。从面试方式来看:筛选时先研究求职者的应聘资料,通过询问常规性问题来考察求职者是否符合用人单位的最低限度要求;挑选则是通过多种方式,如单独谈话等,来对求职者进行综合性的考察。

2. 面试的方式

（1）问题式面试。

此面试方式是由招聘者按照事先拟定的提纲对求职者进行发问,请其回答。目的是观察求职者在特殊环境中的表现,考核其知识与业务能力,以及解决问题的能力,从而获得有关求职者的第一手资料。

（2）压力式面试。

此面试方式是由招聘者有意识地对求职者施加压力,就某一问题或某一事件做一连串的发问,且追根问底,直至求职者无以对答。目的是观察求职者在特殊压力下的反应、思维敏捷程度和应变能力。

（3）随意（或自由）式面试。

此面试方式是招聘者与求职者海阔天空、漫无边际地进行交谈,气氛轻松活跃,无拘无束。目的是在闲聊中观察求职者的谈吐、举止、知识、能力、气质和风度,对其进行全方位的综合考察。

（4）情景（或虚拟）式面试。

此面试方式是由招聘者事先设定一个情景,提出一个问题或一项计划,请求职者进入角色模拟完成。目的是考察求职者分析问题、解决问题的能力。

（5）综合（全方位）式面试。

此面试方式是招聘者通过多种方式考察求职者的综合能力和素质,如用外语与其交谈,要求其即时作文或即兴演讲,要求其写一段文字,甚至操作一下计算机等。目的是考察求职者的外语水平、文字表达能力或语言表达能力、书法及计算机各方面的能力等。

在实际面试过程中,招聘者可能同时采取几种面试方式,也可能就某一方面的问题对求职者进行更加广泛、更深层次的考察。

3. 面试的基本流程

（1）招聘单位对求职者的申请材料进行审核,确定面试名单。

（2）招聘单位通知求职者面试的时间、地点。

（3）求职者准备面试。

（4）正式面试。

4. 面试的过程

（1）寒暄问候（开场白）。

（2）公司简介、职位简介。

面试官通常会简明扼要地介绍一下公司的情况或招聘职位的情况。

（3）面试流程介绍。

经过前两步之后，面试开始进入正题。面试官或许会向求职者介绍面试的整体流程，从而消除其紧张情绪。

（4）围绕简历提问。

在一般面试中，面试官首先会以求职者简历中的内容为主线进行提问，提问方式分为两种：一种是粗略地就简历中的所有内容逐个提问；另一种是选择重点部分提问，如实习经历、社会实践等。不过两种方式的目的是一致的。

（5）试探性提问。

在对求职者的简历进行提问之后，面试官一般会围绕一些敏感、重要或棘手的问题进行提问，其主要目的是了解求职者对业务难题或重大问题的看法。这类问题一般来说业务性较强，回答得好坏、回答过程中的逻辑思路是否清晰可以充分反映求职者的专业水平、敏感度、逻辑思维能力、分析问题的能力和语言表达能力。

（6）向面试官提问。

在面试的最后阶段，面试官一般会给求职者提问的时间和机会。对于求职者来说，这是一个需要谨慎对待的阶段，能否提出好的问题对求职能否成功影响很大。面试官让求职者提问，并非只是出于礼貌，而是要进一步考察求职者是否对应聘的单位和职位有足够的了解和热情，也是在考察求职者提出问题的能力。只有做了充分调查研究并且思维敏捷的求职者，才能提出好的问题、创新性的观点甚至建议。此时求职者若一言不发，会给面试官留下两种印象：一种是求职者对企业没有多大兴趣，这样面试官对求职者的印象就会大打折扣；另一种是求职者没有能力提出好问题，面试官会认为求职者不了解自己和应聘职位，应变能力差。

5. 面试前的准备

当确认可以进入面试时，应该精心准备，以达到自己的求职目的。需要准备的主要有以下几个方面：

（1）充分了解招聘单位。

对用人单位的性质、业务范围、发展历史、前景和文化等要有一个全面的了解，使自己的能力满足用人单位的工作要求。

（2）准备好个人简历及其他资料。

根据职位要求和特点，制作一份符合该单位定位的个人简历。带齐所有求职材料，包括简历、求职信、证书等，有时还需要带上笔记本和笔，以便随时做记录。

（3）进行自我认知。

准备真诚、简洁的自我介绍，罗列自己具备的相关技能以及一些能展现自己能力的实习、实践经历；大胆猜测面试时可能遇到的问题，把答案演练一遍；准备自己想要向单位提出的问题。

（4）面试前的有效准备。

面试时，首先要做的就是守时。面试前应清楚用人单位的位置和到达路线，面试当天应确保提前 15 min 到达面试地点，熟悉环境，稳定情绪。过早地进入面试地点会形成紧张的心理，增加暴露自己缺点的可能性，还会在一定程度上干扰对方的工作。其次是进入用人单位前要将手机关掉或调成静音模式，否则面试时可能会打断双方的谈话，并给面试官一种应聘者毫不顾及旁人感受的印象。

报到时要面带微笑，表情自然，向接待人清楚地说出自己的名字、应聘职位、约见人、约见时间。如果接待人恰好正在与其他人交谈，要耐心地等候。

在休息室等候面试时，应注意观察该公司的工作气氛，寻找有关该用人单位的简介、资料、员工手册等，或找出重要产品、服务等信息，这将有助于打开面试时最初的谈话局面，并巧妙地将自己与用人单位联系起来。

6. 面试时的应对技巧

（1）面试的操作环节。

① 进门。进门前手上可拿一份资料以解决手没处放的问题，女生在弯腰或展示资历时可用其挡住领口。进入面试室前应先敲门，只需敲 2 到 3 下，动作要干脆，然后响亮地问声："我可以进来吗？"得到肯定回答后再推门进去。如果是几个人一起进去，第一个开门的人应将门把住，让别人先进。见到考官后要面带微笑，与之握手并问好。

② 就座。不要随便入座，更不能争先恐后地抢座。听见面试官说"请坐"之后，应先道谢，然后就座，并将资料放在大腿上。与室内的每个人进行目光交流，并保持微笑，目光停留时间在 2 s 以上，在目光停留期间，切勿移动目光，上下打量。

③ 答题。当感到紧张无法摆脱时，不妨坦诚相告，这样容易得到面试官的宽慰。听清楚面试官的提问后，如果不是显而易见的问题，要短暂思考几秒钟后再回答。注意倾听，应聘者的倾听与对面试官问话的反应，不仅展现出对面试官的尊重与高超的谈话技巧，还可以显示自己对交谈很感兴趣，使面试官获得心理上的满足。

（2）面试问题的回答思路。

① 请你自我介绍一下。

这是面试的必考题目。介绍内容要与个人简历一致，表述尽量口语化，要切中要害，不谈无关、无用的内容；条理要清晰,层次要分明,事先最好用文字的形式写好并背熟。

② 你有哪些优点?

这个问题问得相当直接。应聘者应当首先强调自己已具有的技能,但回答时一定要简明扼要。是否雇用应聘者在很大程度上取决于这些技能。

③ 你有哪些缺点?

这是一个棘手的问题。不宜说自己没有缺点,不宜把那些明显的优点说成缺点,不宜说出严重影响所应聘工作的缺点,不宜说出令人不放心、不舒服的缺点。可以说一些对于所应聘的工作无关紧要的缺点,甚至表面上看是缺点但从工作的角度来看是优点的缺点。

④ 你是怎么知道我们招聘这个职位的?

如果你是从公司内部某人处打听到的消息,记得要提及他的名字。

⑤ 告诉我几件关于我们公司的事情。

应聘者应该知道10件和公司有关的事情。面试官问3件,则回答4件;面试官问4件,则回答5件。

⑥ 我们和另一家公司都聘用你,你会如何选择?

一般大家会以公司名气和工资高低作为取舍依据,很少有人会把工作部门、职位、公司发展前景、个人在公司的发展前景、将来的顶头上司和团队成员是什么样的人这些因素进行综合分析、比较再得出结论。许多优秀、竞争力强的人同时拿到大公司与中小公司的聘书时,会选择工资并不高的中小公司,因为他们考虑到优秀人才在中小公司出头的机会更多、时间更早。

⑦ 你对公司有什么问题要问?

问题是一定要问的,但工资问题最好谨慎,至少不宜当成重点问题来问。假如你在面试前做了很多的研究分析,不妨就公司发展战略问一个微观、具体的问题。也有人在结束前谦虚地请教主考官:"您认为我今天的表现如何? 录取的概率有多大? "这个问题也会让对方认为,你对这份工作抱有很大的期望,而你也可以从对方的回答中约略猜测出自己成功的概率有多大,并且作为下一次面试时表现的参考。

⑧ 你认为自己适合干什么?

一般来说,一个人的职业生涯选择是从想干什么和能干什么这两个方面综合考虑的,这两点都得到满足才是最佳选择,但现实中不可能都得到最大化的满足。面试时,可以根据自己在这些方面的观察谈一些看法,但要认识到自己涉世不深、阅历尚浅,对任何问题的看法都可能不够深刻、全面。

⑨ 最基础的工作你愿意干吗？

很多人会毫不犹豫地说愿意做最基础的工作,还画蛇添足地补充说自己级别低也干不了什么大事,这无疑会暴露出即使给你这份工作,你也不会心甘情愿地工作,只是在应付差事。与其这样,倒不如承认自己有弱项,如果不在有压力的环境中得到锤炼,就不可能提升。

⑩ 缺乏经验,你怎么胜任这份工作？

这一问题恐怕是问到应届毕业生的心坎上了。的确,没有经验确实是一个客观存在的问题。此时该如何回答以扬长避短呢？首先,要承认这是自己目前的一个局限,但这是一个暂时客观存在的问题。其次,要列举自己做这份工作的优势,一是自己具有与之相匹配的气质类型,二是自己有过相关的实习经验或实践经验。最后,也是最重要的一点,要学会利用反向思维——我确实年轻,没有经验,但是正因为我年轻,工作时才不会有经验的束缚,更有激情,更会创新,也会带来更高的工作成效。

⑪ 你对将来有什么打算？

这个问题是在考察应聘者的工作动机,是在探究是否可以相信应聘者能把工作长久地干下去,而且干得很努力。最好的对策就是诚实,但并不是要把负面的信息摆出来,应该坦率地、正面地回答人事经理关心的问题。

⑫ 你对工资有什么期望？

若没有把握,可以给出一个幅度,下限可以低些,上限不要太高,这样进可攻退可守。在工资问题上,最容易出问题的是恨不得在面试第一轮就想知道对方能支付多少工资及福利待遇如何。这可能是被拒的原因。不要以为工资谈判是面试中的重要部分,其实招聘公司录取应聘者的前提是对其各方面都满意。在此之前,无须过早地谈论工资。

⑬ 你对加班有什么看法？

这个问题说同意加班有合理的地方,说不同意又会让用人单位觉得自己不够勤奋。要回答,确实很矛盾。应当首先说明高效工作是人才的一个必备素质,也是为企业提高效率的一个途径。因此,能在工作时间完成的就不要拖到休息时间,但如果是工作需要或者公司临时安排,加班完成工作当然义不容辞。

7. 面试结束时的技巧

面试结束后,不是回家等着用人单位的反馈,至少有四件事情必须要做:

（1）及时礼貌地退出面试场所。

首先,不要在面试官结束谈话前表现出浮躁不安、急欲离去的样子,应该知道在什么时候告辞。有些面试官以起身表示面谈结束,另一些面试官则用"感谢你前来面谈"这样的辞令结束谈话。对此应十分敏感,不失时机地起身告辞。其次,告辞时应同面试官握手,面带笑容地感谢面试官花时间同自己面谈。如果有秘书或接待员接待过自己,也应一并向他们致谢。

（2）自我评估面试结果。

总结面试经历,回顾自己应对时的得失,对自己在面试时遇到的难题进行回顾。

（3）查询结果。

如果在对方许诺的时间内没收有到回复,可以打电话询问结果,如:"我是否可以向您提供更多有关我的信息?我认真考虑了一下您的项目,有了一些新的想法,是否可以讨论?"

（4）积极寻找下一个招聘单位,做好再面试准备,总结经验,不放弃任何一个机会。

探索与训练

第一步,制作求职简历

请同学们根据自己的职业选择和求职意向,制作一份求职简历。

第二步,模拟面试

全班同学分成若干小组,提前联系认识的人力资源专家,进行一次模拟面试,并总结模拟面试时的得与失,课上分享。

小 结

本环节通过介绍求职前的就业信息搜集、简历制作及面试技巧等,使同学们认识和了解如何求职就业,熟练掌握求职技巧,做好充分的就业准备,找到适合自己的职业发展道路。

榜样人物

一份特别的简历

中铝公司某企业副总经理王伟当初为进入中铝公司工作,制作了两份简历。首先,他不使用透明文件夹,也不使用各种颜色的文件塑封袋;其次,他把所有专业课的内容和得过的奖项统统浓缩并挪到最后一张纸上,作为附件。由于认定将要从事创意类型的工作,因此他将自己的文字表达能力、沟通能力、创意能力分成三部分,且每部分都附有事例,比如:发表过的文章节选,担任学生会外联部长时为学校活动拉到赞助的案例,在实习期间做过哪些有创意的项目,并分别让相关证明人写上了对他的见证。最后,他买来几张大的黑色硬壳纸,裁剪出简历大小作为简历的封面和封底,用银色签字笔写上了自己的名字与学校院系,然后用钉子穿了几个洞,用麻绳将整个简历串起来。他还在简历的页码旁边做了鹅黄色的内容提示,这样面试官想看特长看特长,想看获奖情况看获奖情况,想看什么直接从那翻过去就看到了。他用了一个通宵,完成了两份手工制作的简历。第二天他带着其中一份就去了。刚拿出来,就吸引了同学们过来围观。当时中铝公司正在全国进行营销管理岗的招聘,几百人报名,只招四人。虽然王伟不太懂什么叫营销管理,但是想着多少和创意有关,自己又在企业实习过一年,所以就投了。他还清楚地记得面试官拿到简历时的第一反应,先是看了看简历,然后看了看王伟,之后问他:这是你自己做的吗?王伟说:"是的。"面试官就笑了笑,没有把简历放到几个装简历的大箱子里,而是直接放在了桌上,然后让王伟等通知。很明显,王伟过了第一轮筛选。第二天是笔试,王伟过了。第三轮只剩下几十人。在拿考试的考号时,面试官让每个人去领自己的简历,等到王伟时,面试官说:"哦,你就是那个做黑色简历的同学,对吧?"然后转身去找王伟的简历,在一大堆花花绿绿的简历中,王伟的黑色简历醒目地夹在那里,一眼就能看见。最终王伟被中铝公司录用,最后面试官告诉他:"你的简历让我们看到了你和其他毕业生的不同,在观看简历的便利性上你下了功夫,在色彩上你选择了银色和黑色,搭配得很抢眼。"

虽然简历不是最终入选的决定性因素,但是王伟用心做的这份简历夹着无比凌厉的攻势让他也变得引人注目。

大学生在求职的时候必须树立信心,也要真诚和用心,在面对他人质疑和询问的时候,应该肯定地讲出自己的想法,勇敢地表达自己,展示实力。愿大家求职无往不利!

第二部分

职业素养

项目五
职业素养的内涵

项目引言

近几年,大学毕业生的就业问题已经成为比较严重的社会问题,也可以说是一个社会难题。从社会角度来看,很多企业又在叹息招不到合适的人。很多事实表明,这种现象的存在与学生的职业素养难以达到企业的要求有关。"满足社会需要"是高校教育的目的之一,既然社会需要具有较高职业素养的毕业生,那么高校就应该把培育大学生的职业素养作为重要目标。

本项目从职业素养的认知、职业核心能力两个方面帮助同学们深入了解职业素养的核心内涵,并让同学们在真实的模拟训练中深刻领会。

任务一　认识职业素养

教学目标

【知识目标】◎了解职业素养的概念、内容。

◎明白提高职业素养的重要性。

【能力目标】明确职业素养的四要素及自身努力的方向。

【素质目标】努力成为有较高职业素养的劳动者。

德育引领

职业素养直接影响人的职业生涯,甚至会影响人的一生。

王红到公司工作快三年了,比她后来的人陆续得到了升职的机会,她却原地不动,因此她的心里颇不是滋味。

终于有一天,她冒着被解雇的风险找到老板理论:"老板,我有过迟到、早退或乱章违纪的现象吗?"

老板干脆地回答:"没有。"

"难道公司对我有偏见吗?"

老板先是一怔,继而说:"当然没有。"

"那为什么比我资历浅的人都可以得到重用,而我却一直在微不足道的岗位上?"

老板一时语塞,然后笑着说:"你的事咱们等会儿再说,我手头有个急事,要不你先帮我处理一下?""一家客户准备到公司来考察产品情况,你联系一下他们,问问何时过来。"老板说。

"这还真是个重要的任务。"出门前,她还不忘调侃一句。

一刻钟后,她回到老板办公室。

"联系到了吗?"老板问。

"联系到了,他们可能下周过来。"

"具体是下周几？"老板问。

"这个我没细问。"

"他们一行多少人？"

"啊？您没让我问这个啊！"

"他们是坐火车还是坐飞机？"

"这个您也没让我问呀？"

老板不再说什么了，而是打电话叫张昕过来。张昕比她晚到公司一年，现在已经是一个部门的负责人了。张昕接到了与她相同的任务。一会儿工夫，张昕回来了。

"老板，是这样。"张昕回答道，"他们是乘下周五下午 3 点的飞机，大约晚上 6 点钟到。他们一行 5 人，由采购部王经理带队，我跟他们说了，我们公司会派人到机场迎接的。另外，他们计划考察两天，具体行程等到了以后双方再商量。为了方便工作，我建议把他们安排在附近的国际酒店，如果您同意，房间我明天就去预订。还有，天气预报说下周有雨，我会随时和他们保持联系，一旦情况有变，我将随时向您汇报。"

王红在一边看得脸发红了，不好意思再说什么，就退出了老板办公室。工作中需要技能，但更需要智慧，智慧来源于职业素养。缺少良好的职业素养，就无法建立良好的口碑。

新时期的大学要持续进行职业道德、职业生涯教育，培养学生的社会责任感，把教授综合知识、提升职业技能与培养职业精神融合起来，帮助学生顺利实现向社会人的转变。培养良好的职业素养是新时期大学生适应职场的必由之路。

知识讲堂

一、职业素养的概念

职业素养是指从业者通过社会教育和自我修炼以及劳动实践养成的在职业活动中发挥重要作用的基本品质。它由职业意识、职业道德、职业态度和职业技能四个要素构成。

二、加强职业素养教育的重要意义

1. 加强职业素养教育是技能人才发展的内在需要

一方面，加强职业素养教育有助于提高职业院校学生的就业竞争力。在国际经济下行、压力不断增大的形势下，国内就业形势也较为严峻，技能人才供求的结构性矛盾将更加突出。重视职业素养教育，有利于更好地满足行业、企业对人才的要求，增强职业院校学生的就业竞争力。

另一方面,加强职业素养教育有助于提高技能人才职业发展的续航力。职业院校是开启技能人才"技能人生"的"第一站",职业素养教育将深深地影响技能人才技能生涯的全过程。如果说职业能力决定技能人才的"技能人生"能否"开好头""起好步",那么职业素养就决定技能人才能够"飞多高""走多远"。因此,要持续发挥职业院校学生的优势,必须加强职业素养教育。

此外,加强职业素养教育有助于提高技能人才一专多能的适应能力。伴随着现代科学技术的飞速发展,简单的工种和岗位越来越少,复杂的工种和岗位越来越多。这就要求职业院校的学生必须既具备专业知识,又具备适应社会多方面工作的能力。

2.加强职业素养教育是职业教育发展的必然选择

一方面,加强职业素养教育是职业院校培育工匠精神的需要。要提高技能人才的职业素养,就必须把培养精益求精职业态度的关口前移,从职业院校的学生抓起,帮助职业院校的学生扣好"技能人生"的"第一粒扣子"。

另一方面,加强职业素养教育是推进职业院校人才培养模式改革的需要。不断加强技能人才职业素养教育是当代职业教育的发展趋势,也是职业院校健康发展的不竭动力。只有大力推进技能人才培养模式改革,才能培育出满足社会发展需要的技能人才。此外,加强职业素养教育也是提升技能人才供给质量的需要。在技能不断被重视的当下,职业院校的毕业生深受用人单位欢迎,但在完全满足社会对技能人才德技兼备要求方面还有很长的路要走,因此职业院校必须居安思危,摒弃"唯技能论英雄"的过时的教育理念,不断加强技能人才的职业素养教育,培养德技兼备的技能人才。

3.加强职业素养教育是企业生存和发展的现实要求

一方面,企业的生存和发展要求技能人才不断增强职业意识。毋庸讳言,目前我国技能人才的创新意识、合作意识、责任意识等职业素养仍有待提高,这在某种程度上制约了企业的发展。

另一方面,企业生存和发展要求技能人才发扬职业精神。当前,用人单位普遍反映,很多技能人才存在职业心态浮躁、职业态度不端等问题。产品更新换代的步伐不断加快,客观上对技能人才的职业理想、职业态度、职业责任等职业素养提出了更高的要求。此外,企业生存和发展要求技能人才树立职业理想。

三、职业素养的核心内容

职业素养的核心内容简单地讲就是职业信念、职业行为习惯、职业核心能力。

1. 职业信念

职业信念是职业素养的核心内容之一。良好的职业信念应该是由爱岗、敬业、忠诚、奉献、正面、乐观、用心、开放、合作及始终如一等关键词组成的,同时是职业意识、职业道德、职业态度的代名词。

职业道德

2. 职业行为习惯

职业行为习惯就是在职场上通过长时间学习、培养而最后变成习惯的一种职业综合素质。信念可以调整,技能可以提升。要让正确的信念、良好的技能发挥作用,就需要不断地练习、练习、再练习,直到成为习惯。

3. 职业核心能力

职业核心能力是人们在工作和生活中除专业岗位能力之外取得成功所必需的基本能力,它可以让人自信和成功地展示自己。它可以分为三部分,即基础核心能力、拓展核心能力、延伸核心能力。

探索与训练

第一步,职业演出

(1)请同学们说出一些职业,然后写在职业卡片上,同时想象一下从事这些职业的人应该有的样子。

(2)全班所有同学分成若干小组,每个小组随机选派一名同学抽取一张职业卡片,并展示给小组内另外一名同学,这名同学负责用动作把这个职业表演出来,让小组内其他同学猜一猜是什么职业。

(3)猜完所有职业卡片之后,小组内所有同学针对每个职业说出三个相关的成语,并分享不同职业的特点和共同之处。

第二步,家族树

根据图 5-1 所示的家族树,盲抽四张欧卡牌基础卡(如图 5-2 所示),放在家族树的根基位置,并从左往右分别与爷爷、奶奶、外公、外婆相连。再向上一层,盲抽两张欧卡牌基础卡,并从左往右分别与爸爸、妈妈相连。

图 5-1　家族树

图 5-2　欧卡牌基础卡

在欧卡牌基础卡上写下他们所从事的职业。在课后选择自己感兴趣的一种职业,详细了解它的工作概况、工作时间、资格条件、教育培训、工作心得与未来展望等,形成书面材料,感受家族成员职业素养各方面带给自己的思考与激励。

小　结

本环节通过与职业有关的两个活动,引导同学们对职业素养进行思考,并对职业素养的组成要素进行描述,从而使同学们对职业素养的重要性产生认同感,为提升职业素养做好思想准备。

👍 ▶▶▶ 榜样人物

提高职业素养,成就辉煌人生

李建宾同志是中铝山东新材料公司工区党支部书记兼主管,中铝山东有限公司劳动模范。2021年,他成功组织实施轻烧转型项目,带领工区党员骨干从寒冬到酷暑日夜坚守,进行流程改造、设备消缺、隐患整改。经过多项流程技术改革,包括动态振打、相变炉分离器结构优化、自动化改造等,最终实现了流程稳定运行。在未增加新员工的情况下,实现全年生产高温产品 3 万 t 的目标,具备年产 α-氧化铝 6 万 t 的能力,大大提高了劳动生产率,同时成功地将公司闲置的资产盘活,实现了静态炉悬浮焙烧 α-氧化铝的技术集成。

这些成就的取得离不开李建宾以及其他工作人员的不懈努力和持之以恒的艰苦奋斗。李建宾认为：工作没有终点，只有起点；没有最好，只有更好。

国际上有一个非常著名的追踪调查，其结论是：成就最大者和成就最小者在智力上没有显著差异，他们最大的差异在于意志品质、自信心和百折不挠的精神等方面。我国在北京、天津、广东、黑龙江等地面向中外大中小企业开展的同类调查显示，企业对职业院校学生的职业技能要求通常排在第三位以后，排在前两位的是对职业素养方面的要求。这充分说明：现代企业所需的人才不仅是实用型、应用型的技术技能人才，还应该是具有较高职业素养、团队合作意识，了解和认同企业文化的高素质技术技能人才。李建宾如果没有为了生产无私奉献的职业精神，就不会取得现在的成就。大学生的职业素养是决定他们能否成功和成就大小的最根本因素。

任务二　职业核心能力

教学目标

【知识目标】◎ 明确职业核心能力的内涵。
　　　　　　◎ 了解培养职业核心能力的重要性。
【能力目标】◎ 能够说出职业核心能力的组成。
　　　　　　◎ 掌握提升职业核心能力的路径与方法。
【素质目标】◎ 培养善于发现、善于总结的好习惯。
　　　　　　◎ 培养自我审视、持续改进的良好心态。

德育引领

　　大学生正处在职业核心能力形成的重要时期,抓好这一时期职业核心能力的培养十分重要。因此,必须从大学生成为准职业人开始,循序渐进地对大学生进行职业核心能力的培养,真正地把他们培养成为忠于党、忠于国家、忠于社会主义、忠于人民的推动社会发展的主力军。

知识讲堂

一、职业核心能力的定义

　　传统意义上的职业核心能力是指一个人在接受过一定年限的正规教育后,初步具备的从业的基本能力。然而,我们发现,职场中所需的职业核心能力与在校园中专攻技术所学到的知识有较大的差距。许多学业成绩优秀的毕业生特别努力地找工作却得不到用人单位的录用,部分毕业生虽然求职成功却无法适应工作环境,并由此产生抱怨、厌倦等情绪。有的人经历丰富,能力也很强,但求职时却屡屡不顺;有的人总是得不到重用,无法获得高薪,升职之路无比坎坷;有的人工作年限长,却找不到前进的方向;有的人不得不从来之不易的工作岗位上"落荒而逃";等等。原因是什么呢？

我们将专业能力以外的能力称为"职业核心能力"，包括职场沟通能力、团队合作能力、自我管理能力、信息处理能力、创新创造能力、解决问题的能力等。它是人们职业活动中最基本的能力，适用于任何职业的任何阶段，具有很强的普遍性和适用性。

二、培养职业核心能力的重要性

职业核心能力对职业活动非常重要。

（1）培养职业核心能力可适应就业需要，有助于自己在工作中调整自我、处理难题，并很好地与他人相处。

（2）职业核心能力是可持续发展的能力，有助于自己在变化的环境中获得新的职业技能，更好地发展自己，从而满足更高层次职业和岗位的要求。

三、职业核心能力的组成

每个人原本都是一棵小树，由于根系不同，有的人成为参天大树，有的人仍旧是小树。根系就是一个人的职业核心能力，树枝、树叶、树干和树形就是显现出来的职业核心能力的表象。一棵树要想枝繁叶茂，必须根系发达。大学生要想被企业录用，成为一个合格的职业人，就必须努力提升自己的职业核心能力。

1.职场沟通能力

职场沟通能力是通过听、说、读、写等思维载体，利用演讲、会见、对话、讨论、信件等方式将个人的思想、观点、意见或建议用语言或文字准确、恰当地表达出来，促使对方接受的能力。沟通的方式多种多样，最主要的方式是语言沟通，包括口头沟通和书面沟通等。除语言沟通外，非语言沟通也是沟通的重要方式。非语言沟通常常被称为肢体语言，包括衣着、表情、神态、姿势、动作等，能够准确、高效地将信息传递给对方。良好的沟通能力是大学生在职场获得成功的重要条件。

有效沟通不仅是工作一帆风顺的前提，还是建立职场和谐人际关系的法宝。因此，沟通能力是职场人士最需要培养的职业素养之一。

2.自我管理能力

自我管理是指人们通过自我认知，调节自己的心理，并使自己的外部行为与社会环境相适应，是个体对自己本身，即对自身目标、思想、心理和行为等进行的管理。它是自己把自己组织起来，自己管理自己，自己约束自己，自己激励自己，自己管理自己的事务，最终实现自我奋斗目标的一个过程。

自我管理是自觉自发进行的。自觉自发就是没有人要求、强迫,而是自觉、主动地做好自己的事情,主要体现在目标管理、时间管理、情绪管理、人脉经营管理、学习创新管理、健康管理等方面。

3. 团队合作能力

团队合作指的是在一个特定的团队中,一群有能力、有信念的人为了一个共同的目标相互支持、合作奋斗的过程。它可以调动团队成员所有的资源和才智,并且自动剔除所有不和谐、不公平的现象。团队合作出于自觉自愿时,将会产生一股强大而且持久的力量。

在实践中,人们应当把从事的任何一项完整的工作看作一个整体。任何一项完整的工作都有确定的目标和任务,如果把一项完整的工作机械地加以分割,就会破坏工作内部的有机联系。因此,我们在处理问题、进行工作决策时,要立足整体、统揽全局,努力寻找实现整体功能和效益的最佳方案。

4. 信息处理能力

信息处理能力是指主动搜集和运用信息的能力。人们需要通过各种教育形式、实践活动等,增强信息意识,提高对信息择取、存储、运用的能力。

在行业、职位和岗位分工明确的情况下,社会对职业能力的要求日益提高,信息处理能力不再是简单地搜集、存储信息,更多地体现在信息的解码、精练以及采用信息化手段提高工作效率上。

5. 创新创造能力

创新创造能力是指革旧布新、创造新事物、创造新业绩的能力,包括发现问题、分析问题和解决问题,以及在解决问题的过程中进一步发现新问题,从而不断地推动事物发展变化的能力。创新创造能力最基本的构成要素是创新激情、创新思维和科技素质。创新激情决定了创新创造的产生,创新思维决定了创新创造的成果和水平,科技素质是创新创造的基础。

创新创造是以产生新思维、新发明和新成果为特征的一种行为过程,它包含三层含义:一是更新,二是创造新的东西,三是改变。创新创造是人类特有的认识能力和实践能力,是人类主观能动性的高级表现形式,是推动国家进步、民族振兴、社会发展的不竭动力。

6. 解决问题的能力

解决问题是指利用某些策略和方法,使事物从初始状态的情景达到目标状态的情景的过程。它是准确分析问题产生的原因,找到关键问题,利用有效资源制订解决问题的各种方案,选择最优方案付诸实施,并进行调整和改进,使问题得以快速、有效地解决的能力。

解决问题就是在两种状态之间建构桥梁的行动。解决问题的能力包括在学习、工作、生活中发挥基本作用的各种技能,它决定着组织和个人的业绩,是一个人生存和发展不可或缺的重要能力。如果在学生时代就能学习和训练解决问题的能力并持之以恒地加以运用,经过一段时间的积累之后,就能从较高层次看待问题,并熟练、巧妙地解决问题,这时就可以被委以重任,成为一个团队的领导或者开创自己的事业。

四、提升职业核心能力的路径与方法

(1)遵守职业道德,践行社会主义核心价值观。

(2)忠于职守,树立责任意识。

(3)行为举止得体,注重职业礼仪。

(4)凝聚力量,培养团队精神。

(5)发挥语言魅力,重视口才与沟通。

(6)终身学习,提高工作技能。

(7)激发潜能,提高创新能力。

(8)持之以恒,坚持自我管理。

探索与训练

第一步,了解社会和用人单位对职业核心能力的要求

教师引导学生通过企业简介、实习和招聘信息等,了解社会和用人单位对职业核心能力的要求。

1.山东铝业公司

(1)忠诚。忠诚是公司对员工的基本要求,也是员工应该具备的基本素质。

(2)爱岗敬业。爱岗位,爱山铝,是职业道德的基础,全体员工要恪尽职守、廉洁勤政,时刻维护公司的利益。

(3)奉献。奉献是员工必备的品质。全体员工必须努力培养奉献精神,为公司的持续发展提供不竭动力。

(4)团队精神,即发扬团结协作的精神,提倡广泛的合作共赢。

（5）艰苦奋斗。艰苦奋斗是公司的优良传统,全体员工要厉行节约,反对浪费,积极为公司创造价值。

（6）执行力。执行力是现代企业对员工的基本要求,员工必须坚决服从领导的安排,严格执行领导的工作指令。

（7）诚信。诚信为本,回报至上。诚信为本,就是用诚信的人做诚信的事。回报至上,就是要回报国家,回报社会,回报股东,回报公司。

（8）仪容仪表。全体员工要做到服装整洁、仪表端庄、举止大方。

（9）遵纪守法。全体员工要自觉遵守和维护国家的各项法律法规,勇于同违法乱纪行为作斗争。全体员工必须遵守公司的考勤制度和作息时间,严格遵守岗位纪律,走路、驾车时严格遵守交通规则。

（10）清正廉洁。全体员工要树立正确的权力观,珍惜和爱护权力,不乱用或滥用权力。不准索取或者收受业务关联单位的利益,反对以贿赂及其他不道德的手段取得利益。

2. 威海鑫视界电子科技有限公司

（1）忠诚。一丁点儿的忠诚顶得上一大堆的智慧。

（2）敬业。学历、文凭不再是公司挑选员工的首要条件。公司招聘员工的首要条件是敬业,其次是专业水平。

（3）对工作负责,勇于担当。对工作负责就是对自己的人生负责。

（4）工作积极主动,自动自发,即主动做好自己所有分内的工作。

（5）讲究工作效率,注意工作细节,执行力强。

（6）较强的沟通能力,这是人际关系和谐的必备条件。

（7）强烈的团队意识,即懂得团结合作。

（8）积极进取的思想意识。

（9）节约意识。

（10）感恩意识。

3. 青岛力神新能源科技有限公司

（1）职业能力要求。

① 普通员工:要具有学习力、思维力、适应力、人际力、执行力。

② 优秀员工:要具有团队力、沟通力、市场力、信息力、服务力。

③ 卓越员工：要具有领导力、战略力、洞察力、创新力、人才力。

（2）对行为习惯的要求。

① 对待工作的规范——勤奋。

A. 树立正确的工作观，工作不是谋生的手段，而是我们要用生命去做的事；B. 把工作当成事业去完成；C. 把个人目标与企业目标相结合；D. 积极让产品和服务更贴近客户需要；E. 做得比领导期望的还要好；F. 创造性地工作，提升工作效率；G. 在期限内完成工作任务；H. 工作时间内全身心投入工作。

② 对待公司的规范——敬业。

A. 永远牢记公司的利益高于一切；B. 不要忘记整治办公室环境；C. 随时随地有节约意识；D. 严格遵守公司规章制度；E. 不泄露公司秘密；F. 学会与公司共命运。

③ 对待领导的规范——忠诚。

A. 领导和员工并不是对立的；B. 不要认为领导容易；C. 一个优秀的员工要积极帮助领导分忧；D. 学会和领导风雨同舟；E. 学会欣赏和赞美领导。

④ 对待下属的规范——尽心。

A. 好领导应该有好品质；B. 以身作则才能打动人；C. 要不耻下问；D. 要学会激励下属，真心赞美下属；E. 忘记手中的权力；F. 帮助下属成长。

⑤ 对待自己的规范——自信。

A. 自己是最大的敌人；B. 学会改变自己；C. 养成好习惯；D. 学会调节压力，不要情绪失控；E. 给自己确定奋斗目标；F. 加强自我管理，学会自我激励。

⑥ 对待他人的规范——热情。

A. 学会尊重别人，给别人留有余地；B. 学会欣赏别人，懂得与别人合作；C. 不要自视甚高；D. 永远牢记团队利益至高无上；E. 不要嫉贤妒能。

⑦ 对待客户的规范——诚信。

A. 时刻确保客户满意，重视客户；B. 对待客户诚信至上；C. 切实解决客户的难题，帮助客户；D. 尽力为客户提供更好的服务；E. 成为客户的朋友。

（3）对职业形象的要求是成熟稳重。

A. 清洁、美化办公环境。B. 保持良好的工作状态。C. 给他人留下好印象。D. 合适地称呼别人。E. 多赞美，少责怪；多激励，少嘲讽。F. 不要把个人情绪带到工作中。G. 常常保持微笑。

第二步,制订职业核心能力提升计划

请同学们选择一个企业,对照其要求检视一下自己哪些方面存在不足,需要改进或提升,制订职业核心能力提升计划。可以参照表 5-1 制订职业核心能力提升计划,也可以创新。

表 5-1　职业核心能力提升计划

职业核心能力	现状	期望	提升计划和时间

── 小 结 ──

本环节通过对部分企业职业核心能力要求的介绍,增加了同学们对职业核心能力的认知,使同学们坚定提升职业核心能力的信心,增加提升职业核心能力的动力。

👍 榜样人物

提高职业核心能力,在平凡的岗位上创造辉煌

徐鸿,1993 年 8 月参加工作,大专文凭,中铝山东企业第二氧化铝厂高级技师。自参加工作以来,他工作在生产一线,参加了六项科研项目,提出合理化建议 200 余条,实施率达 90%,节约开支 3 000 余万元。作为一名新时代的知识型技术工人,他刻苦学习,爱岗敬业,主持的"提高 40 m^2 过滤机台时产能"项目荣获淄博市"四一"工程二等奖,年创效益80 多万元。为了解决赤泥输送困难和沉降槽跑浑问题,他吃在车间,盯在岗位,跑在现场。在50 ℃的高温下,他对每一道生产工序、每一个生产环节勤观察、微调整、细操作,创造了以徐鸿命名的优化沉降槽操作法和分砂产量最佳控制

徐鸿在生产一线

法,为中铝的发展做出了重大贡献。徐鸿凭着卓越的职业核心能力,在平凡的岗位上创造了辉煌,成为新时代的先锋,获得了"全国劳动模范"和"淄博市十大金牌工人"荣誉称号以及"全国五一劳动奖章""山东省富民兴鲁劳动奖章""振兴淄博劳动奖章"等。

徐鸿在平凡的岗位上之所以能取得非凡的成绩,主要是因为他具有自我学习、爱岗敬业、团结合作、勇于攀登、善于解决问题、敢为人先的职业核心能力。在全面实现小康社会的伟大征程中,我们要向徐鸿学习,努力提高自己的职业核心能力,做一个对社会有用的人,为实现"两个一百年"奋斗目标贡献力量。

项目六
沟通能力

项目引言

　　沟通能力就是在一个群体内与他人和谐相处的能力。良好的沟通能力是同学们职业生涯顺利发展的决定性因素之一,也是同学们健康成才的基本条件和未来事业成功的必备素质,还是每个社会成员生存、生活和发展过程中必须培养的素质,它不仅关系到个人的发展,还对社会的发展和进步有重要影响。加强沟通能力的培养,不仅可以为同学们顺利完成学业创造良好的学习、生活环境,还可以为同学们毕业后尽快融入社会打下坚实的基础。

　　沟通,是工作、生活的润滑剂,是消除隔膜、达成共同愿景、朝着共同目标前进的桥梁和纽带。

　　礼仪,是一个人有教养的体现,是人与人相互沟通的重要技巧。职场礼仪是职场沟通的纽带,具备良好的礼仪会对职业的发展起到促进作用。

　　本项目从沟通认知、职场礼仪和职场有效沟通三个方面帮助同学们了解职场沟通以及礼仪的核心内涵,为同学们以后的职场适应做好准备。

任务一　认识沟通

<table>
<tr><td rowspan="6">教学目标</td><td>【知识目标】</td><td>◎ 了解沟通的定义和目的。</td></tr>
<tr><td></td><td>◎ 了解沟通的信息内容组成。</td></tr>
<tr><td>【能力目标】</td><td>◎ 认识沟通的重要性。</td></tr>
<tr><td></td><td>◎ 掌握沟通的六大技巧。</td></tr>
<tr><td>【素质目标】</td><td>◎ 学会倾听，换位思考。</td></tr>
<tr><td></td><td>◎ 养成真诚、谦逊、礼貌待人的习惯。</td></tr>
</table>

德育引领

　　据说孔子周游列国时，常常忍饥受冻。有一次，孔子及弟子们来到一个小国，那里的环境很是艰苦，他们好久都没有饭吃，后来好不容易弄来些米，孔子便请他最信任的弟子颜回去煮饭，颜回欣然而去。过了一会儿，孔子觉得颜回差不多应该把饭煮好了，便走到厨房察看情况。谁料孔子看到了他无法相信的一幕：颜回竟然伸手将锅中的一团米饭抓起来放到口中吃掉了！孔子当时没有声张，而是默默地退了出去。等到颜回将一碗白花花的米饭端到孔子面前时，孔子故意说道："我等在这种艰苦的环境中还有米饭可吃，实在得益于上天的庇佑，理应先用这些米饭来祭祀上天。"颜回听孔子说完，正色说道："夫子，这些米饭不能用来祭祀上天。刚才我盛米饭时，有一团灰尘掉到了锅中的米饭上。我虽然将沾了灰尘的米饭吃了，但是这锅米饭终究不干净了，因此不能祭祀上天！"这时孔子知道了事情真相，感慨万分。

　　如果孔子相信自己看到的一切，而不进行沟通，那造成的误会就大了，师徒之间可能产生间隙，也就没有了"贤哉回也"的说法。所以，沟通很重要，它不但能解决问题，还能消除误解。

　　沟通能力是一个人生存和发展的必备能力，也是一个人成功的必要条件和必备技能。

生活中,我们每一天都会与他人交流。沟通随时随地地发生在我们身边,它是工作、生活的润滑剂,是消除隔膜、达成共同愿景、朝着共同目标前进的桥梁和纽带。在交流中,我们可以学习别人的优点,提高自身修养,不断完善自我。因此,大学生在学习和生活中要刻意提高自己的沟通能力,向善于沟通的同学和师长学习,为踏入社会和职场做好充分的准备。

知识讲堂

一、沟通的基础

沟通是借助一定的手段把可以理解的信息、思想和情感在两个或两个以上的个人或群体中传递或交换的过程。

沟通,是人与人之间传递思想、观点、感情和信息的过程,是组织协调各个个体、各个要素成为一个整体的凝聚剂,是领导者激励下属和实现领导职能的基本途径,是企业与外部环境之间建立联系的桥梁。它可以解决问题、消除误解,也可以提升竞争力,还可以建立良好的人际关系。

沟通的信息内容一般由7%的文字、38%的语音语调和55%的身体语言组成。按照沟通方式,沟通可以分成语言沟通和非语言沟通。语言沟通是利用口头语言和书面语言进行沟通,而非语言沟通是利用声音、语气、肢体动作等进行沟通。

沟通的目的是通过交流达到情感的融合、达成思维的共识。在生活中,沟通的目的主要是达到情感的融合。在工作中,沟通更侧重于达成思维的共识,向对方清晰地表达自己对某件事情的看法,并通过演示、劝说等方法企图让对方接受自己的看法,最终达成共识。职场中的沟通不同于日常生活中的沟通,职场中的沟通主要限于与沟通主体有工作交集的人员,主题更明确,因此职场中的沟通比生活中的沟通的目的性更强。

二、沟通的六大技巧

1. 同理心

沟通的第一大技巧是具有同理心,即学会从对方的角度考虑问题,这不仅包括理解对方的处境、思维逻辑等,还包括维护对方的尊严,增强对方的自信,请对方说出自己的真实感受等。

沟通能力:个人素质的重要体现

2. 善于倾听

沟通的第二大技巧是善于倾听。真正的沟通高手首先是一个善于倾听的人。

善于倾听,是一个成熟的人最基本的素质。如果你在听别人说话时,可以听懂对方话里的意思,感受到对方的心思并予以回应,就表示你掌握了倾听的要领。

倾听的注意事项:① 和说话者的眼神保持接触;② 不可凭自己的喜好选择性收听,必须接收全部信息;③ 提醒自己不可分心,必须专心致志;④ 点头,微笑,身体前倾,记笔记;⑤ 回答或开口说话时,先停顿一下;⑥ 以谦虚、宽容、好奇的态度来听;⑦ 在心里描绘出对方正在说的内容;⑧ 多问问题,以澄清疑问;⑨ 清楚对方的主要观点是如何论证的;⑩ 完全了解对方谈话内容的重点后再进行反驳;⑪ 把对方的意思归纳总结起来,让对方检查正确与否;⑫ 注意时机是否合适,场所是否合适,气氛是否合适,特别注意在不同的环境中产生的倾听障碍。

自检一下:在沟通中,不愿意听对方说话的原因是什么?自己是如何处理的?自己能够在哪些方面做出改进?

3. 控制情绪

沟通的第三大技巧是控制情绪。情绪对沟通的影响至关重要,人们的情绪状态会左右接收和传送信息的方式,还直接影响信息的接收和管理方式。例如,如果你觉得情绪激动或紧张,沟通就有可能受阻,因为本来理智的思想可能被这些情绪蒙蔽,而以一种比预期更加肯定或否定的状态接收信息。

如果对与你进行沟通的人持有强烈的反感,你对信息的解释很有可能受看法的影响。同样,你沟通的任何内容也有可能受别人对你的态度的影响。

如果对某事特别感兴趣,你很有可能选取与自己心仪的事情有直接关系的信息,甚至忽视或根本不去注意其他事情。

因此,沟通前要调整好自己的情绪,不要让个人的喜怒哀乐影响沟通的过程,避免因冲动造成不良的后果。

4. 客观表达

沟通的第四大技巧是客观表达。客观表达可以分为八个要点:

(1)谨慎地表达自己的意思,多用中性和非判断性的词汇。有效的表达形式是"我"式陈述句,包括自己的行为、自己的反应、自己希望的结果。

(2)客观描述。如果自己说话总是絮絮叨叨、词不达意,对方就根本没有必要听你说完。如果换成一句客观描述的话,对方的感觉就不一样了,他很难反驳,我们还可以进一步陈述其影响与后果。

(3)说出自己希望的结果。如果直接要求别人做某件事,通常会遭到拒绝。但是如果清楚地说出自己希望的结果,对方就会知道怎么做,还会乐意去做。

（4）巧妙地使用反向表达和反向思考，也就是看自己是使用 $A + B = 1$，还是使用 $A = 1 - B$ 的问题。比如，管理者这样问下属："这项工作还没有做完吗？"下属肯定会说："没有，还差一点儿。"这可不是管理者想要的结果。若换成反向表达和反向思考的提问方式，说"这项工作全部做完了吗"，感觉就大不一样了。

（5）将"但是"换成"也"，避免使用"但是""不过"，做一个弹性沟通者。我们通常在说了"我明白你的意思"之类的话后，再加上"但是"和"不过"这样的字眼。这样一来，你给对方的感觉就是你认为他的观点是错的或者不关心他说的问题。比如，如果你说"你说得很有道理，但是……"这句话，意思是说话者说得没道理。如果把"但是"换成"也"，这句话变成"你说得很有道理，我也有一个很好的主意，不妨彼此讨论讨论"，这样表达的效果就不一样了。

（6）反馈要具体。如果王强的领导说："王强，你可真懒，你这是什么工作态度呀？"听到这些，王强会摸不着头脑，心里还会犯嘀咕："我犯什么错误了？"但如果换句话说："王强，最近三天你连续迟到三次，能解释一下原因吗？"这样表达就具体了，王强就明白是讲迟到的事了。

（7）反馈要着眼于积极的方面。这里有两句话，我们来做个比较。"张华，你在上次会议上的发言效果不好，这次发言之前你是否能先给我讲一遍？""张华，你是否能把准备好的发言稿先给我讲一遍？这样可以帮助你熟悉一下内容，使你在现场更加自信。"是不是第二句的表达效果会更好？所以，反馈一定要着眼于积极的一面。

（8）复述引导词语。就是将复述和附加问题这两种手段结合起来使用，这样可以将谈话内容引导到自己想要获得更多信息的某个具体方面。

5. 了解情况使用开放式问题，促成事件使用封闭式问题

如果你提出的是一个封闭式问题，那么你只能得到较少的信息，因为人们通常回答"是"或"不是"。封闭式问题对于寻求事实、避免有人提出啰唆的问题是有帮助的，而对于了解事情的全貌则是不利的。在日常生活中，我们要避免提出一些无用的问题、引导性问题、封闭式问题、居高临下的问题。搜集信息最好用开放式问题、探索性问题、中立性问题。

6. 赞美

人性的弱点是喜欢批评别人，却不喜欢被批评；喜欢别人赞美自己，却不喜欢赞美别人。因此，赞美往往使人愿意沟通，是沟通的开始，批评则拉开了人与人之间的距离。沟通是双方的互动，如果一方不愿意沟通，那么沟通必然失败。

探索与训练

第一步，自我介绍

同学们从某个同学开始做自我介绍，后面一个同学需要先记住前面所有同学的全部信息并简要复述，再做自我介绍，以此类推。

教师强调注意事项：

（1）选择自己的特别之处（爱好、兴趣、成长经历、学习状况）。

（2）简要谈谈自己对专业的认识（感受、体会、想法、做法）。

（3）举止要落落大方，语气要友善随和。

（4）口语表述清楚流畅，语速张弛有度，语言富有节奏，语义言简意赅。

（5）对时间、情绪的控制力要强，逻辑清楚，组织缜密。

第二步，三米之内的幸福

无论何时何地，我们都希望感受到人心的温暖。除了我们生命中珍视的人以外，对于半径在 3 m 之内的人，我们又能做些什么呢？如果所有人都能对身边（家庭、职场、社会）的人展露笑颜，那么世界将开遍绚丽的花朵，幸福也将触手可及。请同学们分成若干小组，任意选择一个搭话任务，准备角色扮演。

任务 1：教师办公室里，一位中年教师正在批改作业，请问出教师的孩子的姓名。

任务 2：公交车站上，一个人正在看着书等车，请问出此人的职业。

任务 3：公园里，一位漂亮的女士或者帅气的男士正坐在长椅上等人，请问出其兴趣或者爱好。

【范例引导】

A：咦，看你一直捧着这本书，你是不是很喜欢看书呀？（封闭式问题）

B：还好啦！还好！

A：你这本书属于哲学范畴，看来你对哲学很感兴趣啊！（封闭式问题，句式不再用"是不是"，以免过度重复导致对方烦躁）

B：一般啦！只是随便看看而已！（对方这时还比较拘谨）

A：那你平时喜欢看什么类型的书呢？（开放式问题）

B：其实也没什么特别喜欢看的书，觉得好就买来看了。

A：那至少也是喜欢看书啊！不像我，一年都看不了几本，时间不是浪费在手机上就是浪费在电视上，整个人都变得没什么深度了。所以，我特别羡慕你们这些经常看书的

人。我猜你以前读书的时候成绩肯定很好！（谈论自己,然后将话题引导到对方身上）

B:也不是特别好啦,只不过从小养成了看书的习惯,一天不看就会觉得浑身不舒服。

要点:一是通过谈论自己,避免经常提问题导致对方烦躁,让交流不至于陷入冷场;二是适当地谈一谈自己,让对方稍微了解一下自己。因为一直谈别人的事,别人多多少少会有防备,偶尔说一下自己的事情,别人看到你乐意分享自己,就会少一些防备之心。所以,要结合前面的提问方式适当地运用搭话来谈一谈自己,以此来建立互信的机制,然后将话题引导到对方身上,让对方多谈一下自己,这样不仅能与对方建立良好的关系,还会使聊天变得很顺畅。

有些地区要求学校里的学生看到来访者要大方地打招呼,因为这样可以使这个地区给来访者留下一个好印象,搭话能为振兴城市起到积极作用。你能自然地与身边不认识的人搭话吗？如果没有这样的经历,从现在开始,请积极主动地与陌生人交谈吧！这些人也是你三米之内的幸福。

第三步,倾听测试

倾听是尊重,更是一种态度。耐心倾听是沟通过程中一个非常重要的环节。把说话时间留给别人,让别人觉得自己很重要,这是沟通的良方。

下面我们来做一个倾听游戏。

商店打烊时

店主刚关上店里的灯,一男子来到店堂并索要钱款,店主打开收银机,收银机内的东西被倒了出来,后来那个男子就逃走了。警察很快接到了报案。

教师阅读"商店打烊时"的故事情节,学生直接作答习题(一)的12个判断题。（注意:"T"表示正确,"F"表示错误,"?"表示不知道）

习题(一)

1.店主将店堂内的灯关掉后,一男子到达。 　　　　　　　　　　（T　　F　　?）

2.抢劫者是一男子。 　　　　　　　　　　　　　　　　　　　　（T　　F　　?）

3.来的那个男子没有索要钱款。 　　　　　　　　　　　　　　　（T　　F　　?）

4.打开收银机的那个男子是店主。 　　　　　　　　　　　　　　（T　　F　　?）

5.店主倒出收银机中的东西后逃离。 　　　　　　　　　　　　　（T　　F　　?）

6.故事中提到了收银机,但没说里面具体有多少钱。 　　　　　　（T　　F　　?）

7. 抢劫者向店主索要钱款。 （T　　F　　? ）

8. 索要钱款的男子倒出收银机中的东西后急忙离开。 （T　　F　　? ）

9. 抢劫者打开了收银机。 （T　　F　　? ）

10. 店堂里的灯关掉后，一个男子来了。 （T　　F　　? ）

11. 抢劫者没有把钱随身带走。 （T　　F　　? ）

12. 故事涉及三个人物：店主，一个索要钱款的男子，以及一个警察。（T　　F　　? ）

学生做完习题（一）后，重新看故事情节并作答习题（二）。教师要提醒学生不要受之前答案的影响。（注意："T"表示正确，"F"表示错误，"?"表示不知道）

习题（二）

1. 店主将店堂内的灯关掉后，一男子到达。 （T　　F　　? ）

2. 抢劫者是一男子。 （T　　F　　? ）

3. 来的那个男子没有索要钱款。 （T　　F　　? ）

4. 打开收银机的那个男子是店主。 （T　　F　　? ）

5. 店主倒出收银机中的东西后逃离。 （T　　F　　? ）

6. 故事中提到了收银机，但没说里面具体有多少钱。 （T　　F　　? ）

7. 抢劫者向店主索要钱款。 （T　　F　　? ）

8. 索要钱款的男子倒出收银机中的东西后急忙离开。 （T　　F　　? ）

9. 抢劫者打开了收银机。 （T　　F　　? ）

10. 店堂里的灯关掉后，一个男子来了。 （T　　F　　? ）

11. 抢劫者没有把钱随身带走。 （T　　F　　? ）

12. 故事涉及三个人物：店主，一个索要钱款的男子，以及一个警察。（T　　F　　? ）

对比两次习题的结果，并分析原因。

小　结

本环节通过常见的自我介绍以及对搭讪、倾听的练习和分析，使同学们对自己的沟通能力有了一定的认识和了解，进一步认识到沟通的重要性，下决心学习沟通技巧，提高沟通能力。

典型示范

沟通中诞生的最佳选择

山东铝业职业学院的前身是与中华人民共和国同龄的五〇一厂业余职工大学,虽然有着悠久的办学历史,但是随着现代职业教育飞速发展,学校的教学设施、教学设备等硬件配套不足,校区布局不够合理,再加上地域环境等劣势,使学校的发展遇到了瓶颈。

山东铝业有限公司的领导和职业学院的广大干部员工高瞻远瞩、审时度势,经过多次开会研究,多方调研,反复讨论论证,无数次到青岛和威海等地进行考察,与当地政府进行了认真的沟通、协商、研讨和探索,在2016年与威海南海新区管委会多次接触后,做出了"必须建设职业学院威海新校区"的重大决定。然而,建设新校区谈何容易,校区选址、经费、教师安置等问题都是必须面对的重要问题。在中铝公司的大力支持下,在以杜树宇为核心的校领导的多方奔走、接洽、沟通下,山东铝业职业学院与威海南海新区政府选定了校址。经过艰难的谈判和反复的沟通协商,学校得到了威海南海新区管委会的鼎力支持,双方签订了《山东铝业有限公司与威海南海新区管委会合作办学协议》和《山东铝业职业学院与威海南海新区管委会合作办学补充协议》,两个协议的签订成为山东铝业职业学院建校史上历史性的跨越。

2017年1月24日上午9点,位于威海南海新区的中铝职业教育园项目正式开工建设。该项目的一期工程山东铝业职业学院威海校区于2017年秋季建成并正式投入使用。新校区由威海南海新区与山东铝业有限公司合作共建,是中铝公司职业教育园项目的主体板块,位于北京交通大学(威海校区)的北邻,建筑面积达 3.2×10^5 m^2。2017年9月,新校区在校新生达到8 000人,全部建成后将迁入教师、学生、职工等共计10 000余人。山东铝业职业学院新校区的建设,不仅使学校摆脱了危机,还由此实现了跨越式发展,迈上了国家职业教育体系的快车道。

山东铝业职业学院之所以能落户威海南海新区，是学院领导与威海市委市政府以及南海新区领导经过科学论证、反复协商，在利益共享、双方共赢，互相尊重对方、信任对方的基础上结出的硕果。山东铝业职业学院的异地办学实践告诉我们，只有认真负责地沟通，才会更深入地惠及双方，才会取得更大的成功。

任务二　职场礼仪

【知识目标】了解礼仪的内涵和原则。

【能力目标】◎掌握日常礼仪常识。

◎从细节做起，掌握职场沟通的基本礼仪。

【素质目标】◎文明礼貌，内外兼修。

◎自律自省，表里如一。

德育引领

　　一个酷热的夏天，麦家在杭州参加一所军校的考试与体检，他无事时就从屋里走出来，找棵树，坐在树荫下乘凉。一天，一个胖胖的军人也从屋里走出来，来到了麦家乘凉的树下。麦家一见，立即客气地让座。这个军人坐下乘凉，对麦家颇有好感，觉得这个孩子不错，懂礼貌。这个军人就是军校的招生官，麦家当时不知，但是对方已经把麦家的名字记在了心上。麦家的考试成绩不太理想，前面的20个人中有12个人体检不合格，这个招生官就让麦家去体检了。结果麦家体检合格，被录取了。麦家因为懂礼貌讲礼仪，得到了一个贵人的帮助。

　　习近平总书记曾指出："礼仪是宣示价值观、教化人民的有效方式，要有计划地建立和规范一些礼仪制度，如升国旗仪式、成人仪式、入党入团入队仪式等，利用重大纪念日、民族传统节日等契机，组织开展形式多样的纪念庆典活动，传播主流价值，增强人们的认同感和归属感。"礼仪关乎人格，关乎国格。中国自古就以礼仪之邦著称于世，注重树立礼仪之邦的良好形象。大学生要深刻认识礼仪在现代生活中的重要性和必要性，树立正确的礼仪观。通过家庭教育、学校教育"齐之以礼""约之以礼"，在学习和生活中感知礼仪、领悟礼仪、践行礼仪，推动现代文明礼仪内化于心、外化于行。

知识讲堂

一、礼仪的内涵

礼仪是人们在社会交往活动中,为了相互尊重,在仪容、仪表、仪态、仪式、言谈举止等方面约定俗成的、共同认可的行为规范。从释义上来看:礼,内出于心,是内在的道理,也是一个人外在修养的根本;仪,是外在的呈现,更多的是仪式、仪表、仪态,往往是内涵的外在表现形式。因此,礼和仪相辅相成,礼仪是一个大而全的概念,具体可分为礼貌、礼节、仪表、仪式等。

二、礼仪的原则

随着社会的进步、人们社交范围的扩大,礼仪已成为社会文明的标志。人们的正常生活离不开礼仪。在人际交往中,讲究礼仪不仅是对他人的尊重,还是自身修养的体现。在职场中,讲究礼仪、注重礼节、掌握交往原则、融洽人际关系已经成为每一个有志之士走向成功的必备通行证。

礼仪的内容丰富多样,但有自身的原则。

1. 敬人

在交往过程中要重视、尊重对方。尊重领导是一种天职,尊重他人是一种本分,尊重下属是一种美德,尊重客户是一种常识,尊重所有人是一种修养。

2. 自律

自律就是在交往过程中要克己、慎重、积极主动、自觉自愿、礼貌待人、表里如一、自我对照、自我反省、自我要求、自我检点、自我约束,不能妄自尊大、口是心非。

3. 适度

适度得体,掌握分寸。

4. 真诚

诚心诚意,以诚待人。

三、礼仪的内容

1. 外在仪表

仪表是指人的外在美,同时也是内在美的体现。具体来说,外在仪表是一个人的容貌、服饰、发型等给人留下的综合印象。在

职业礼仪宣传片

职场中,美好的仪表能产生一种强大的吸引力,能向对方展示自身的形象和风度,还可以增强自身的自尊心,提高自信。

2. 言语交流

人际交往中,要保证人与人之间的交流顺畅,除了要注意谈话内容、讲究谈话技巧外,还要注意礼仪的规范。职场礼仪中的言语交流主要包括以下几个方面:

（1）用语。

交流语速要适中,尽量使用普通话,学会礼貌用语,牢记并学会使用以下词语:请,对不起,麻烦您,劳驾,打扰了,好的,早（晚）安,您好,欢迎,贵公司,请问,哪一位,请稍等,抱歉,没关系,不客气,见到您很高兴,请指教,有劳您了,请多关照,拜托,非常感谢（谢谢）,再见（再会）,等等。

（2）目光。

人们相互间的信息交流总是以目光交流为起点的,因此目光交流处于人际交往的重要位置,发挥着传递信息的重要作用。

在职场中,与人交谈时,不要不停眨眼,不要眼神飘忽,不要怒目圆睁,不要目光呆滞,也不要长时间盯着对方而不转移视线。此外,不要戴着墨镜或变色镜与人交谈,要睁大眼睛,目视对方,可以设想对方的双眼和前额之间有一个三角区,你的视线要盯住这个三角区,这样可以营造出一种严肃的气氛,使对方感觉到你是认真的。

（3）微笑。

微笑是社交场合中最有吸引力、最有价值的面部表情,能充分展现一个人的热情、修养和魅力,所以要养成微笑的好习惯。

① 要自然地微笑。发自内心地微笑,才能够笑得自然,笑得亲切,笑得美好得体。

② 要笑得真诚。真诚的微笑会让对方内心感到温暖,使对方产生好感。

③ 要在合适的场合微笑。微笑也分场合,否则就会适得其反。

3. 仪态举止

仪态举止是一个人的德、才、学、识等各方面的内在修养的外在表现,是构成礼仪的核心要素,主要包括姿态、握手和交换名片等。

（1）姿态。

姿态又称体姿、仪态。不同的姿态能显示出人们不同的精神状态。用优美的姿态表达礼仪,比用语言更让受礼者感到真实、美好和生动。

人们的形体姿态包括立、坐、行的姿势,手势,相应的动作。"站如松,坐如钟,行如风,卧如弓"是我国古代对人体姿势的要求。从现代礼仪的角度考虑,也必须训练自己的站姿、坐姿等。

① 站姿。站姿是人们的一种基本姿势,它是一种静态的造型动作,展现的是静态美。站姿又是训练其他优美体态的基础,是表现不同姿态美的起始点。

站姿的要求:A. 头正。两眼平视前方,嘴微闭,收颌梗颈,表情自然,稍带微笑。B. 肩平。两肩平正,微微放松,稍向后下沉。C. 臂垂。两肩平正,两臂自然下垂,中指对准裤缝。D. 躯挺。胸部挺起,腹部往里收,腰部正直,臀部向内向上收紧。E. 腿并。两腿站直,贴紧,脚跟并拢,两脚跟夹角成 45° 左右。这种规范的礼仪站姿与部队战士的立正是有区别的,礼仪的站姿较立正多了些自然、亲和和柔美。在站立时,一定要避免探脖、塌腰、耸肩,双手不要放在衣兜里,腿脚不要不自主地抖动,身体不要靠在门上,两眼不要左顾右盼,以免给人留下不良印象。

② 坐姿。坐是一种静态的造型动作,我们在日常工作和生活中都离不开这种举止。端庄优美的坐姿,会给人以文雅、稳重、大方的美感。

男士标准坐姿:坐椅子的 2/3 处,上身正直上挺,双肩平正,两手放在两腿或扶手上,双膝并拢,小腿垂直落于地面,两脚自然分开成 45°。坐下后切忌半躺半坐,应当避免呈现颓废状态或者显得放肆。

女士标准坐姿:轻缓地走到座位前,转身后两脚成小丁字步,左前右后,两膝并拢,同时上身前倾,向下落座。如果穿的是裙装,在落座时要用双手在后边从上往下把裙子拢一下,以防坐出皱褶或因裙子折叠坐住而使腿部裸露过多。坐椅子的 2/3 处,坐下后,上身挺直,双肩平正,两臂自然弯曲,两手交叉叠放在两腿中部,并靠近小腹。两膝并拢,小腿垂直于地面,两脚保持小丁字步。

(2)握手。

握手是人与人交际的一部分,是目前国际上最通行的会面礼仪之一。握手的力量、姿势与时间长短往往能够表现出握手人对对方的不同礼遇与态度,展现握手人的个性,给人留下不同的印象。通过握手也可以了解对方的个性,从而赢得交际的主动权。

① 握手的次序。在公务、商务等正式场合,握手时伸手的先后次序主要取决于职位、身份。职位、身份高者与职位、身份低者握手,应由职位、身份高者首先伸出手来。在非正式社交场合,则主要取决于年龄、性别、婚否,具体顺序如下:A. 女士与男士握手,应由女士首先伸出手来;B. 已婚者与未婚者握手,应由已婚者首先伸出手来;C. 年长者与年幼者握手,应由年长者首先伸出手来;D. 长辈与晚辈握手,应由长辈首先伸出手来;E. 非正式社交场合的先者与后来者握手,应由先至者首先伸出手来;F. 主人待客时,应先伸

出手与到访的客人相握；G. 客人告辞时，应先伸出手与主人相握。

② 握手的动作要领。与人握手时应面含笑意，注视对方的双眼，神情专注、热情、友好、自然，问候也是必不可少的。不要迟迟不握他人早已伸出的手，或者拒绝和他人握手。与他人行握手礼时，应该起身站立，以示对对方的尊重。与人握手时不可以不用力，否则会使对方感到缺乏热情与朝气；也不可以太用力，否则会有示威、挑衅的意味。握手的时间不宜过短，也不宜过长，最好在 3 s 左右。时间过短，会显得敷衍；时间过长，尤其是和异性握手时，则可能会被怀疑为居心不良。不要一边握手一边东张西望或忙着跟其他人打招呼。

（3）交换名片。

名片是商务人士必备的沟通工具，它直接承载着个人信息。精美的名片使人印象深刻，也能体现一个人的风格。要使名片发挥的作用更大，就必须掌握相关的礼仪。

① 发送名片。发送名片的方法是，递名片时应起身站立，使用双手或者右手将名片正面向上递给对方。若对方是外宾，最好将名片上印有英文的那一面对着对方。将名片递给对方时，应说"多多关照""常联系"等话语，或者先做一下自我介绍；与多人交换名片时，应讲究先后次序，或由近而远，或由尊而卑，位卑者应当事先把名片递给位尊者。

② 接收名片。接收名片时，应起身站立，面含微笑，目视对方，双手捧接或用右手接过，不要只用左手接过。接过名片后，要从头至尾地把名片认真默读一遍，并进行适当的赞美。念名字时，应使用礼貌用语，如"很高兴认识你"等。

③ 名片礼仪的禁忌。发送名片时应注意：不要用左手递交名片；不要将名片背面对着对方或者上下颠倒着递给对方；不要将名片举起高于胸部；不要用手指夹着名片递给别人。

探索与训练

第一步，礼仪从吃做起

同学们分成若干小组，学习中西餐礼仪，然后交叉检查，纠正错误。

1. 中餐餐前礼仪

（1）中餐座次。

中国餐桌上的座次是"尚左尊东""面朝大门为尊"。若是圆桌，则正对大门的为主客，主客左右两边的宾客越靠近主客位置越尊，相同距离则左侧尊于右侧，如图 6-1 所示。若为八仙桌,如果有正对大门的座位,则正对大门一侧的右位为主客。如果不正对大门,则面东一侧的右席为首席。

如果为大宴,桌与桌间的排列讲究首席居前居中,左边依次为2,4,6席,右边依次为3,5,7席,根据主客身份、地位、亲疏分坐。

如果是主人,应该提前到达,然后在靠门位置等待,并为来宾引座。如果是被邀请者,那么就应该听从主人安排入座。

一般来说,如果自己的老板出席的话,应该将老板引至主陪位置,请客户最高级别的领导坐在主陪位置左侧的位置,除非这次招待对象的领导级别非常高。

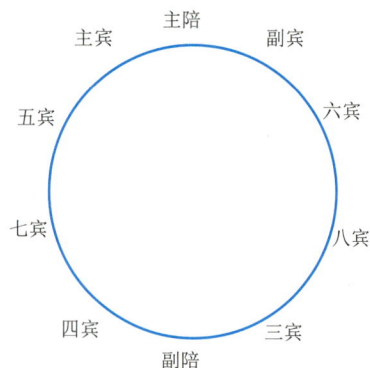

图6-1 中餐座次

(2)点菜礼仪。

如果时间允许,应该等大多数客人到齐之后再将菜单供客人传阅,并请他们来点菜。作为公务宴请,自然会担心预算问题。控制预算,最重要的是多做功课,选择合适档次的请客地点。一般来说,客人会让你来做主。如果你的老板也在酒席上,千万不要因为尊重他或者认为他应酬经验丰富而让他来点菜,除非是他主动要求;否则,他会觉得不够体面。

如果自己是赴宴者,应该知道自己不该在点菜时太过主动,而应该让主人点菜。如果对方盛情要求,可以点一个不太贵又不是大家忌口的菜,并记得征询一下桌上人的意见,特别是问一下"有没有哪些是大家不吃的"或者"大家比较喜欢吃什么",让大家感觉被照顾到了。点菜后,可以问一下"我点了菜,不知道是否合几位的口味"。

(3)餐前发放物品忌投掷。

发放筷子时,要把一双双理顺的筷子轻轻地放在每个人面前。距离较远时,请别人传递过去,千万不能随手掷在桌上。

(4)筷子安家碗边住。

将自己的筷子摆放在碗的旁边,不要搁在碗上。摆放时要分清大头、小头,不能一横一竖交叉摆放。

(5)等待就餐时不敲打餐具。

敲筷子是对主人的不尊重。无论是一手拿一根筷子随意敲打,还是用筷子敲打碗盏茶杯,都是不可以的。

2.西餐礼仪

（1）西餐座次。

以主人的座位为中心。如果有女主人参加,则以主人和女主人的座位为中心,以靠近主人者为上。

西餐座次和中餐座次有区别,中餐中夫妻、好友通常会坐在相邻的位置,而西餐中则需要分开,因为西方人认为夫妻在日常生活中的交集已经够多了,应该与其他人有更多的交流。

（2）餐具的摆放及使用。

"左叉右刀"是常规的摆放方法,如图 6-2 所示。叉子由外向内的摆放顺序为鱼叉、主餐叉、沙拉叉;相应地,刀由外向内的摆放顺序为鱼刀、主餐刀、沙拉刀。在刀具的外侧还摆放有海鲜叉和汤勺。刀叉的摆放顺序是为了方便餐客用餐时由外向内地使用。杯子的摆放从左至右为水杯、酒杯、咖啡杯／茶杯等。

刀叉的拿法是轻握尾端,食指按在柄上。汤匙则用握笔的方式即可,而舀汤的方式是从里向外舀,也可根据个人习惯稍作调整。

图 6-2　西餐餐具的摆放

（3）用餐基本礼仪。

餐巾在用餐前就可以打开。点完菜,在前菜送来前的这段时间内把餐巾打开,向内折1/3,将2/3的餐巾平铺在腿上,盖住膝盖以上的双腿部分。最好不要把餐巾塞入衣领。嘴里有食物时不要和别人交流。

（4）喝酒的方法。

通常由服务员负责将少量酒倒入酒杯中,让客人鉴别一下品质如何。只需把它当成一种仪式,喝一小口并回答很好。接着,服务员会来倒酒,这时不要动手去拿酒杯,而应该把酒杯放在桌上由服务员去倒。正确的握杯姿势是用手指轻握杯脚。为避免手的温度使酒温升高,应用大拇指、中指、食指握住杯脚,将小指放在酒杯的底台用于固定。

喝酒时绝对不能吸着喝,而是倾斜酒杯,像是将酒放在舌头上似的喝。轻轻摇动酒杯让酒与空气接触以增加酒的醇香,但不要猛烈摇晃酒杯。此外,一饮而尽或边喝边透过酒杯看人都是失礼行为。不要用手指擦酒杯沿上的口红印,用面巾纸擦比较好。

（5）喝汤的方法。

不能吸着喝。先用汤匙由后往前将汤舀起,将汤匙的底部放在下唇的位置,再将汤送入口中。汤匙与嘴部呈 45° 比较好,身体上半部要略微前倾。碗中的汤不多时,可用手指将碗略微抬高。如果汤用有握环的碗盛装,可直接捏住握环端起碗来喝。

（6）面包的吃法。

先用刀切成两半,再用手撕成块吃,避免像用锯子似的割面包。切面包时可用手将面包固定,避免发出声响。

（7）稍作休息时刀叉的摆法。

如果吃到一半想放下刀叉稍作休息,应该把刀叉按八字形摆在盘子中央,如图 6-3 所示。若刀叉突出到盘子外面,不安全也不好看。边说话边挥舞刀叉是失礼行为。

图 6-3　中途休息时刀叉的摆放方法

第二步,礼仪由说话深入

1. 学会打电话

请一个同学示范简单的通话过程,其他同学评价这个同学的通话礼仪。教师强调电话礼仪:

（1）当听到电话铃响起时,及时接听电话,别让铃声响过三声。

（2）接起电话,先问好。熟悉的人可先自报家门,让对方明了自己的身份。作为接电话的人,通话过程中要仔细聆听对方的讲话,并及时回答,给对方以积极的反馈。

（3）有些人打起电话没完没了,如果一定要挂断对方的电话,应当说得委婉、含蓄一些,不要让对方难堪。比如,"好吧,我不再占用您宝贵的时间了""真不希望就此道别,不过以后真的希望再有机会与您联络"这样的话。

通话结束时,不要忘记向对方说声"谢谢""再见"等礼貌用语,再轻轻地挂断电话,不可只顾自己讲完就急匆匆地挂断电话。一般而言,商务电话都是由打电话的那一方先挂。如果遇到长辈,不管是打电话还是接电话,都应该由长辈先挂,在确定对方已经挂断后,再轻轻地放下电话。此外,在挂电话前要说一些礼貌用语,如"让您费心了""谢谢您在百忙中接听我的电话""抱歉,打扰您了""谢谢! 真是不胜感激"等话语,这样会让双方都感到愉快。选择适宜的通话时间,关键是要替对方考虑。

2.学会寒暄

请两个同学模拟初次见面时的寒暄场景,其他同学评价他们的用语。请同学们说出日常会话的基本用语。

文明礼貌用语:看望别人用拜访,宾客来到用光临。来客登门称贵宾,招待不周说怠慢。陪伴朋友用奉陪,中途先走用失陪。等待客人用恭候,迎接表歉用失迎。别人离开用再见,请人不送用留步。请人收礼用笑纳,辞谢馈赠用心领。读人文章用拜读,请人改文用斧正。请人阅览用台览,请人指点用赐教。恭敬陈述用谨启,对方字画为墨宝。回信于人用奉复。

教师可选择拜年、拜访、等候等场景,请同学们根据场景模拟表演。

第三步,礼仪自检

请同学们对照表6-1从外而内地自检,讨论一下自己是不是一个讲礼仪的人。

表6-1 男士、女士礼仪自查表

项目	内容	男士	女士
卫生	头发	短发,清洁、整齐,不要太新潮	发型文雅、庄重,梳理整齐,长发要用发夹夹好,穿西装时尽量不扎马尾辫
	面孔	每天刮胡子,饭后清洁牙齿,口腔无异味	化淡妆,清洁牙齿,口腔无异味
	身体	去除异味	喷洒淡淡的香水
	手	清洁,短指甲	清洁,指甲不可过长,指甲油的颜色不可过于鲜艳
服饰	套服	单排扣西服,颜色为深蓝色、灰色、黑色,全身服装的颜色在三种以内	西装套裙,颜色不可过于鲜艳,全身颜色的种类不宜过多
	衬衣	长袖,浅色系,不宜卷起衣袖	符合套裙要求
	领带	深色底,点缀有规则的条纹或细密的斑点;外摆长于内摆至腰带扣处。除特殊情况外,不要戴领带和领夹	可佩戴丝巾或头饰
	袜子	深色(绝不可穿白色)	肤色长筒丝袜或连裤袜,无破洞
	皮鞋	黑色或深褐色,光亮、清洁	和衣服颜色相配的高跟鞋,光亮、清洁
	首饰	可戴高级手表,已婚者可戴戒指(装饰以尽量少戴为原则)	可佩戴多种首饰,总量上不宜超过三种(以不妨碍工作为原则)
	手包	与皮带、皮鞋颜色一致的公文包,大小适中	大小合适,可挎在手臂上的包
表情	微笑	自然真诚地面带微笑	
	目光	目视对方,恰当注视	

项目	内容	男士	女士
仪态举止	站姿	① 头正。两眼平视前方,嘴微闭,收颌梗颈,表情自然,面带微笑。② 肩平。两肩平正,微微放松,稍向后下沉。③ 臂垂。两肩平正,两臂自然下垂,中指对准裤缝。④ 躯挺。胸部挺起,腹部往里收,腰部正直,臀部向内向上收紧。⑤ 腿并。两腿站直,贴紧,脚跟并拢,两脚跟夹角成 45° 左右	
	坐姿	坐椅子的 2/3 处,上身正直上挺,双肩平正,两手放在两腿或扶手上,双膝并拢,小腿垂直落到地面,两脚自然分开成 45°。坐下时切忌半躺半坐,应当避免呈现颓废状态或者显得放肆	轻缓地走到座位前,转身后两脚成小丁字步,左前右后,两膝并拢的同时上身前倾,向下落座。如果穿的是裙装,在落座时要用双手在后边从上往下把裙子拢一下,以防坐出皱褶或因裙子折叠坐住而使腿部裸露过多
	握手	握手的动作要领:① 与人握手时应面含笑意,注视对方的双眼。② 神情要专注、热情、友好、自然,问候也是必不可少的。③ 不要迟迟不握他人早已伸出的手,或者拒绝和他人握手。④ 与他人行握手礼时,应该起身站立,以示对对方的尊重。⑤ 与人握手时不可以不用力,否则会使对方感到缺乏热情与朝气;也不可以太用力,否则会有示威、挑衅的意味。⑥ 握手的时间不宜过短,也不宜过长,最好在 3 s 左右。时间过短,会显得敷衍;时间过长,尤其是和异性握手时,则可能会被怀疑为居心不良。⑦ 不要一边握手一边东张西望,或者忙着跟其他人打招呼。 握手的次序:在公务、商务等正式场合,握手时伸手的先后次序主要取决于职位、身份。职位、身份高者与职位、身份低者握手时,应由职位、身份高者首先伸出手来。在非正式社交场合,则主要取决于年龄、性别、婚否,具体顺序如下:① 女士与男士握手,应由女士首先伸出手来;② 已婚者与未婚者握手,应由已婚者首先伸出手来;③ 年长者与年幼者握手,应由年长者首先伸出手来;④ 长辈与晚辈握手,应由长辈首先伸出手来;⑤ 非正式社交场合的先至者与后来者握手,由先至者首先伸出手来;⑥ 主人待客时,应先伸出手来与到访的客人相握;⑦ 客人告辞时,应先伸出手来与主人相握	
发自内心的礼仪原则	敬人	在交往过程中要重视、尊重对方	
	自律	在交往过程中克己、慎重、积极主动、自觉自愿、礼貌待人、表里如一、自我对照、自我反省、自我要求、自我检查、自我约束,不妄自尊大、口是心非	
	适度与真诚	适度得体,掌握分寸。诚心诚意,以诚待人	

小 结

本环节基于对日常礼仪的实操,使同学们明确沟通礼仪的原则,自觉地把礼仪的内容运用到实践中。

典型示范

君子与无赖

有个人走进饭店要了酒菜,吃完后摸了摸口袋,发现忘了带钱,便对店老板说:"店家,今天忘带钱了,改天给送来。"店老板连声说"不碍事,不碍事",并恭恭敬敬地把他送到门外。这个过程被一个无赖看到了,他也走进饭店要了酒菜,吃完后摸了摸口袋,对店老板说:"店家,今儿忘带钱了,改天给送来。"谁知店老板脸色一变,揪住他,非剥他衣服不可。无赖不服,说:"为什么刚才那个人可以赊账,我就不行?"店老板说:"人家吃菜,筷子在桌子上找齐,喝酒一盅一盅的,斯斯文文,吃罢掏出手绢擦嘴,是个有德行的人,怎么能赖我这几个钱?你呢?筷子往胸前找齐,狼吞虎咽,吃上瘾来,脚踏上板凳,端起酒壶直往嘴里灌,吃罢用袖子擦嘴,分明是个居无定室、食无定餐的无赖之徒,我岂能饶你?"一席话说得无赖哑口无言,只得留下外衣狼狈而去。

从故事中我们可以得到这样的启示:

第一,动作和姿势是一个人思想感情、文化修养的外在表现。一个品德端谨、富有涵养的人,其姿势必然优雅。一个趣味低级、缺乏修养的人是摆不出高雅的姿势来的。

第二,在人际交往中,我们必须留意自己的形象,注意动作和姿势,因为我们的动作和姿势是别人了解我们的一面镜子。

第三,在交往中,我们可以通过别人的动作和姿势来了解别人。

"人无礼则不立,事无礼则不成,国无礼则不宁。"同学们请做讲礼仪的人,让有礼的自己像一股春风,暖人心窝,化解矛盾,为社会文明添彩增辉,也帮自己决胜职场、成就无憾人生。

任务三 职场有效沟通

教学目标	【知识目标】◎ 掌握职场中与领导和同事沟通的知识。 ◎ 掌握职场中与客户沟通的知识。 ◎ 学习有效沟通三要素以及方式和方法。 【能力目标】◎ 学会与领导和同事有效沟通。 ◎ 学会与客户有效沟通。 【素质目标】◎ 自尊自信，自立自强。 ◎ 以诚相待，换位思考。

德育引领

公司为了奖励市场部的员工，制订了一项海南旅游计划，名额限定为10人。可是市场部的13名员工都想去，部门经理需要再向上级领导申请3个名额。如果你是部门经理，你会如何与上级领导沟通呢？

第一种方式

部门经理跟上级领导说："朱总，我们部门13个人都想去海南，可是只有10个名额，剩余的3个人会有意见，能不能再多给3个名额？"

朱总说："筛选一下不就完了吗？公司能拿出10个名额已经花费不少了，你们怎么不多为公司考虑？你们呀，就是得寸进尺，不让你们去旅游就好了，谁也没意见。我看这样吧，你们3个做部门经理的，姿态高一点儿，把机会让出来，等到明年再去，这不就解决了吗？"

第二种方式

部门经理："朱总，今天大家听说去海南旅游都非常高兴，觉得公司越来越重视员工了。朱总,这事是您突然想给大家一个惊喜,还是早就定好的?"

朱总:"真的是想给大家一个惊喜,这一年公司效益不错,是大家的功劳,考虑到大家辛苦了一年,年终了,该放松放松了。放松后才能更好地工作,还可以提高公司的凝聚力。大家高兴,我们的目的就达到了。"

部门经理:"公司这个决定太好了,大家都在争这 10 个名额呢!"

朱总:"当时决定 10 个名额是因为觉得部门有几个人工作不够积极。你们评选一下,不够格的就不安排了,就算是对他们的一个提醒吧!"

部门经理:"其实我也赞同领导的想法,有几个人的工作态度与其他人比起来是不够积极,不过他们可能有一些生活中的原因,这与我们部门经理对他们缺乏了解、没有及时提醒有关系,责任在我。如果不让他们去,对他们的打击会不会太大?如果这种消极因素传播开来,影响不好吧!公司花了这么多钱,如果因为这 3 个名额降低了效果,就太可惜了。我知道公司每一笔开支都要精打细算。如果公司能拿出 3 个名额的费用让他们有所感悟,促进他们来年改进,那么他们多给公司带来的利益要远远大于这部分支出的费用,不知道我说的有没有道理?公司如果能再考虑一下,让他们去,我会尽力与其他两位部门经理沟通好,在这次旅途中每个人带一个,帮助他们放下包袱,培养有益于公司的积极工作态度。朱总,您能不能考虑一下我的建议?"

大家想一想:以上两种沟通方式中哪一种会达到目的?这个案例告诉我们,只要出发点是好的,保持初心,用真诚的态度去沟通,没有什么问题是解决不了的。

知识讲堂

一、职场有效沟通三要素

职场有效沟通的三要素分别是目标、对象、表达。

二、职场沟通的方式和方法

职场沟通的方式可以分为正式沟通和非正式沟通,也可以分为单向沟通和双向沟通,还可以分为书面沟通和口头沟通,言语沟通和体语沟通,以及上行沟通、下行沟通和平行沟通。

三、职场有效沟通实操

1.如何与领导沟通

我们每个人不可能都成为领导,但是每个人都会成为下属。和领导打交道,是每个人日常工作的重点。沟通的效果既可以体现一个人的沟通能力,又可能影响一个人的发展前途。

（1）与领导沟通的原则。

① 尊重领导,是与领导沟通的前提。

古语云:"事上敬谨,待下宽仁。"下属对待领导要尊敬,领导对待下属不仅使用权力,还需要威信与影响力。尊重领导是心理成熟的标志。当你满足了领导对于尊重的需要时,你同样会得到很好的回报。

当然,尊重不等于盲目地顺从。尊重领导是指下属尊敬、尊重领导。这里的尊重主要是内心的尊重,来源于思想上的一致、情感上的共鸣,以及对领导言行、品格、作风和处事方式的认可。而顺从领导,是指无论正确与否,都无条件地听从领导的安排,无原则地执行其命令,是下属对尊重领导的误解。顺从领导反映的是下属不健康的心态,传递的是下属对领导的迎合和奉承,体现的是人与人关系的不平等,实质上是对领导的不尊重。

② 踏实搞好本职工作,是与领导沟通的基础。

无论从事什么工作,兢兢业业、踏踏实实地做好本职工作是良好沟通上下级关系的基础。有的人常在领导面前夸夸其谈、言过其实,特别喜欢在领导面前表现自己,这些人只能获得领导暂时的信任。把自己的发展目标与单位或企业的发展目标相融合,乐于助人,忠诚于自己的单位、自己的事业,这样的员工才是领导最喜欢的。

③ 摆正位置,领悟意图,是与领导沟通的根本。

"出力而不越位,建功而不表功",不要过分表现和突出自己,更不要张扬自己帮助领导做了什么。和领导打交道,要能够领悟领导的意图,领导要你做什么,要你怎样做,你应该有默契,有时一个手势、一个眼色,你都要心领神会。

（2）与领导沟通的技巧。

① 了解领导。

A. 了解领导的个性与工作作风。

根据领导的工作作风,可以把领导分为专制型、民主型和放任型三种。

专制型领导喜欢在工作中发号施令,要求被领导者绝对服从,表现出雷厉风行的特征。

民主型领导注重集体智慧,重大事情由集体讨论决定,也诚恳地欢迎下属提一些建设性意见,注重单位内的人际和谐。

放任型领导喜欢把权力分散下去,善于调动广大员工的积极性,给人一种随和、不拘原则的印象,情绪表现不激烈,没有多少喜怒哀乐的极端表现。

无论领导属于哪一种工作作风的领导,下属都必须调整自己的态度,很好地适应领导。领导的个性不尽相同,有的人优柔寡断,有的人性格粗犷,有的人作风细腻,有的人安全保守,有的人追求完美,等等。作为下属,只有了解领导的个性与做事风格,才能有针对性地做好与领导的沟通工作。

B. 了解领导的需求,决定自己的目标。

领导的需求包括两个层次:处在逆境中的单位,需要应对外界强大的竞争压力,因而比较注重人才的专业素养;力求平稳发展的单位,可能最需要的是单位内部人际关系和谐,不希望有破坏性的因素渗入。此外,不同部门、不同职业可能有不同的需求。从微观上来说,领导个人的喜好、利益需求不同,也在一定程度上决定了择人标准。例如,有的领导会找一个互补型的助手,有的领导会选择一个同类型的下属作为"知己"。因此,在工作中应根据领导的需求采取相应的策略,这样可以使上下级之间相处起来比较融洽。

C. 了解领导的好恶,可以在工作中避免麻烦。

无论是谁,都喜欢听一些话,而讨厌听另一些话,喜欢听的就容易听进去,心理上就会觉得舒服。领导也一样。下属要了解领导的特点,倘若在工作中讲一些领导平素喜欢听的话,就会让他对自己另眼相看。领导是组织的核心人物,作为下属,应主动去适应他,这样才能够形成有机的配合力量。好恶的形成往往没有什么道理可讲,即使有些好恶看起来似乎违背了常规、常理、常态,但未对他人造成侵害、未对社会秩序产生干扰,也就无须加以指责和校正。人生百态,每个人的好恶都是其中一景。

② 树立主动与领导沟通的意识,多请示,勤汇报。

领导的工作往往比较繁忙,无法顾及方方面面,因此下属树立主动与领导沟通的意识十分重要。作为领导,判断下属对他是否尊重的一个重要因素就是下属是否经常向他请示和汇报工作。经常与领导沟通有助于与领导建立融洽的关系。聪明的下属知道,每次做出部署、决定都要先请示,得到领导的首肯再去做。不仅完成任务后要汇报,工作进行到一定程度也要汇报,出现了任何情况都要汇报。汇报可以让领导了解自己的工作,得到肯定与支持方能得到器重和更多的发展机会。汇报工作时要把握分寸,选择时机,不要选择领导很忙时以及领导心情不好的时候。

2. 如何与同事沟通

俗话说得好:"一个好汉三个帮。"在职场上,一个人想要获得成功,单靠个人力量是不够的,必须依靠集体的力量,没有他人的理解、支持和配合,事业是很难成功的。因此,与同事良好地沟通对一个职场人来说非常重要。

（1）与同事沟通的基础。

① 要以诚相待，平等对待同事。

真诚是人与人相处的根本，沟通的有效性在于真诚，"精诚所至，金石为开"。对方认可了自己的真诚，沟通就有了基础。在办公室，无论什么样的同事，都应当平等对待，互学互助，建立起和谐的工作关系。

② 要学会尊重同事。

有效沟通必须做到尊重和理解，不是所有的沟通都能使彼此认同、达成共识，观点对立、意见分歧是常有的事，重要的是学会尊重和理解。尊重彼此，从自己做起。沟通时宜采用商谈、讨论以及提出建议的方式，而不能用命令或责怪的口吻把自己的想法强加于沟通对象。

③ 对同事要宽容。

我们的世界因多元化而精彩，要容许形式的多样性、风格的多样性、存在方式的多样性。宽容就是尊重个性，不能强求他人和自己一样。要学会积极主动地适应他人的性格特点，容许他人有和自己不同的见解和感受，体谅他人的处境。在心理上接纳他人，学会欣赏他人。只有欣赏他人，他人才会欣赏我们。宽容他人就是善待自己。学会宽容他人，是自身修养提高与处世方式成熟的表现。现实生活中，有许多事情不妨试着用宽容的方式解决一下，或许它能帮我们实现目标、解决矛盾、化干戈为玉帛。

（2）与同事沟通的技巧。

① 灵活表达观点。

和同事意见相左或看到同事有明显的缺点时，如果无伤大雅，不关原则，大可忽视，不必斤斤计较，即便是确有必要指出，也要考虑时间、地点和同事的接受能力，并委婉地指出。如果过于直率，即使是实话实说，也不会受欢迎。沟通中的语言至关重要，应以不伤害他人为原则，不用斥责的语言，要用鼓励的语言；不用呆板的语言，要用幽默的语言；等等。

② 赞美常挂嘴边。

要适时关注、适当赞美同事的进步，也要注意发现同事的微小变化。要时常面带微笑，因为对他人微笑本身就是一种赞美。微笑的魅力是无穷的，积极的情绪是会传染的，每次走进办公室，抬头挺胸，积极阳光，微笑着向他人问好。只有这样，别人才愿意与我们交往。

③ 务必少争多让。

不要和同事争什么荣誉，这是最伤害人的。我们帮助同事获得荣誉，他会感激我们的功劳和大度,更重要的是增添了我们的人格魅力。要远离争论,对一些非原则性的问题切忌去争什么你输我赢;否则,其结果只能是使双方都受到伤害。

④ 与同事勤联络。

在与同事的交往中,可能会有相处很好的朋友,诸多朋友形成自己的人际圈。在激烈竞争的现实社会中,空闲的时候给朋友打个电话、写封信、发个电子邮件,哪怕只是只言片语,朋友也会心存感激。对进入自己人际圈的朋友要常常联络,一个电话、一声问候就拉近了同事之间的距离。

探索与训练

第一步,识别有效沟通

教师拿出一张图片让一个同学仔细观察。这个同学观察后用语言向其他同学描述自己看到的图片,其他同学根据这个同学的描述将图片画出来。该活动进行两次。

第一次:只允许这个同学描述,其他同学不能进行询问,要独立画出图片。

第二次:这个同学描述后,其他同学可以就不明白的地方进行询问,直至画出图片。

同学们画完后展示自己画的图片;教师展示原来的图片,统计两次的正确率,引导学生分组讨论:

(1)为什么同样的一张图片、同一个人描述,仅因为询问与否,最后的正确率会不一样?

(2)思考何为有效沟通,判断下列沟通是否有效。

前些天有人加我微信,说要给我的公众号提供 Wi-Fi 涨粉服务。对话是这样的:

他:我们是做公众号涨粉推广服务的,可以提供布局 Wi-Fi 给公众号涨粉,你感兴趣吗?

我:不感兴趣。

他:你有涨粉计划吗?

我:有啊,但我的公众号不是场景化的。

他:我们的布局可以选择不同的场景哟!

我:我知道,我的公众号是讲职场的,由内容驱动,不是功能性的。

他:我们 Wi-Fi 加粉都在门店显示,这些数据都是腾讯官方统计的。

我:我是写职场的。

他:可以在写字楼投放啊!

我:……

请同学们思考：怎样沟通才有效？

【教师分析】聊了没几句，他统统在讲 Wi-Fi 加粉怎么好，扔给对方的问题只有一个——你有涨粉计划吗？而真正需要关注的是——你的粉丝受众是什么类型？你的公众号推文有什么特点？未来一年，你对公众号的规划是怎样的？说到底，他不关心对方的公众号，只想卖产品。

第二步，避免失败的沟通

请几个同学根据情景表演，其他同学讨论，教师点评，从中体悟沟通的方式和方法。

情景一：评价式沟通让人反感

比如，某大学班干部组织了三次活动，但同学 A 一次都没有参加。于是，该班干部找他沟通，说："你这人怎么这样，一点儿都不懂配合。"

【教师分析】也许，该班干部说这话时并没有批评对方的意思，他只是想表达："我最近组织了三次活动，每次你都说不能参加。"但是，该班干部用了带有评价性的话语，这就带上了自我情绪。这样的表达方式很容易让别人觉得是在批评自己，从而产生逆反心理，使沟通陷入困境。如果通过批评来提出主张，人们的反应常常是申辩或反击。反之，如果直接说出需要，其他人就有可能做出积极的回应。

情景二：命令式沟通让人误解

同学 A 对同学 B 说："我很孤单，你今晚能陪我聊聊吗？"

同学 B 回答说："我今天很累，如果你想今晚有人陪你，去找其他人好不好？"

同学 A 接着说："你这人怎么这样，真自私！"

【教师分析】同学 A 的提议实际上是命令，因为他并没有重视同学 B 休息的需要，而是指责他。请求没有得到满足时，提出请求的人如果批判或指责，那就是命令。如果想利用对方的内疚来达到目的，也是命令。

情景三：不恰当沟通引起矛盾

假设你现在学校宿舍或者公司公寓新搬来的室友烟瘾很大，经常搞得房间里乌烟瘴气，但是宿舍或公寓并没有规定不许抽烟，在这样的环境中你感觉非常不好，于是打算跟室友摊牌。你会怎么说？

有同学说："抽烟有害健康，你可不可以出去抽烟？"

有同学说："我实在受不了了，你怎么可以这样！"

有同学说："你能不能讲点儿文明？"

这样说话非但不能达到目的,还可能导致两个人打起来。

【教师分析】首先我们要知道沟通的目的是什么,简单来说就是为了友好地解决问题,而不是单纯地改变对方的行为。如果目的是后者的话,最好的办法应该是去练习拳击。

同学们思考怎样应对,并进行演练。

【教师引导】按照友好沟通这个目标,遵循"观察—感受—需求—请求"这个表达顺序比较合适。可以这样说:"跟你说个事情,最近这段时间,我每次回到咱们宿舍(或公寓),房间里总是烟雾缭绕的,桌子上到处都是烟灰,地上到处都是烟头。生活在这样的环境中,我的心情非常压抑和烦躁,有时候甚至觉得快要崩溃了。因为我是一个特别注重健康的人,清新的空气和干净的环境对我来说非常重要,所以我想跟你商量一下,以后你愿意去外面抽烟吗?"

小 结

本环节通过对有效沟通的识别、分析及对失败沟通的演练分析,使同学们进一步体会职场有效沟通的技巧,提升有效沟通的能力。

👍 榜样人物

打个招呼,开始美好的一天

李大顺是山东铝业职业学院的一名学生,毕业后被分配到中铝山东新材料有限公司做新材料研发工作。他刚到单位的时候,关系比较好的几个同事都和他一样,是新来的,后来大家被分到了不同的办公室,因此平时也不容易见到。李大顺开始感到有点儿不适应,到了办公室都不知道和谁说话,感觉别人是一群人聚集在一起,讨论他们彼此熟悉的人和事,而自己作为新人很不合群。但是,李大顺下定决心要打破这种被动的局面,因为一个同事的行为启发了他。一天早上,同事见他进办公室就说了一句:"大顺,早啊!"正是同事这句温暖的话语让他觉得无比亲切。

他受到了启发:作为一个新人,很多同事在路上遇到自己都和自己打招呼,但是自己却叫不出其他人的名字,甚至连他们的姓或者他们做什么工作都不知道,这样很不礼貌,更不利于同事之间交往。办公室里有一张名单,上面有每个同事的名字、所在部门,于是李大顺按照名单开始用心记每个同事的名字和所在的部门。每当他看到一个不认识的同事时,就问已认识的同事,知道他的名字后就了解他的相关信息。每当认识了一个新的同事,李大顺就在纸上做一个记号。大约过了一个星期,他终于把所有办公室里的同事都能对上号了,路上遇到同事也能自如地打招呼了。

很多人都佩服李大顺,在这么短的时间内好像把全公司的人都认识了,其实他们不知道李大顺是刻意去记的,因为李大顺知道在路上遇到一个同事,单说一句"你好"和问候一句"某某你好"是有本质不同的。李大顺就是每天通过打招呼融入团队,开始自己美好的一天的。良好的沟通让自己事半功倍,让他人如沐春风。会沟通的人拥有别人无法企及的力量,得到用人单位的认可也是必然的事情。

项目七
团队合作能力

项目引言

　　团队是由员工和管理层组成的一个共同体,有共同的理想和目标,愿意承担共同的责任,共享荣辱。在团队发展过程中,团队成员经过长期的学习、磨合、调整和创新,形成了主动、高效、合作且有创意的团队,一起解决问题,从而实现共同的目标。

　　当今社会竞争日益激烈,单独一个人很难获得较大的成功,如果不懂得合作,很难适应时代的发展,也很难在职业生涯中获得成功。因此,培养团队合作能力、合作精神是很有必要的。

　　本项目从认识团队、组建团队和团队合作三个阶段,通过真实模拟训练帮助同学们定位团队角色、组建团队,形成有效的团队合作,并充分领会团队精神。

任务一 自我专业认知

教学目标

【知识目标】◎了解团队的含义及要素。

◎了解贝尔宾团队角色理论。

【能力目标】◎了解团队的特征,准确定位团队角色。

◎通过贝尔宾团队角色测试了解团队成员。

【素质目标】◎团结协作,凝心聚力。

◎知己知彼,合作共赢。

德育引领

一滴水只有投身于大海才不会干涸,一粒沙只有跻身于沙滩才不会被吹散,一只雁只有排列于雁队才能飞得更高更远,一个人只有融入团队才能实现人生价值,得到更好的发展。

海尔集团神奇般的崛起和蓬勃发展,不仅得益于它的领军人物张瑞敏,更是与整个团队密不可分。海尔人将自己的价值观定义为"人的价值高于物的价值,共同的价值高于个体的价值,共同协作的价值高于独立单干的价值,社会价值高于利润价值"。正是在这一理念的指引下,海尔走出国门,走向世界,为国争光。

海尔集团是一个敢打硬仗的坚强团队。1994年4月5日下午2点,德国的一个经销商打来电话,要求海尔必须在两天内发货,否则订单失效。两天内发货意味着当天下午所有的货物必须装船,而当时正是星期五下午2点,如果按海关、商检等部门下午5点下班来计算,时间只有3 h。按照一般程序,做到这一点几乎是不可能的。如何将不可能变为可能?海尔人优秀的团队精神品质展现了巨大的能量,他们采取齐头并进的方式,调货的调货,报关的报关,联系船期的联系船期,全身心地投入发货工作中,抓紧每一分钟,环环相扣,保证每一个环节都不出纰漏。当天下午5点半,这位经销商接到了来自海尔的货物发出的消息,他非常吃惊,又非常感激,便破了十几年的惯例给海尔写了一封感谢信。

海尔能准时发货,关键取决于团队的通力合作。企业是否具备核心竞争力,关键要看是否有一个懂得合作的团队。就好比一条正在比赛的龙舟,舟上的每一个人都是决定比赛胜负的关键力量。大家的劲使到一处,保持步调一致,才能在关键时刻取胜。只有加强团队合作,才能赢得竞争的胜利,企业才会在激烈的市场竞争中立于不败之地。铸牢中华民族共同体意识,就是要引导各族人民牢固树立休戚与共、荣辱与共、生死与共、命运与共的共同体理念。这就是全体中国人的团队意识。青年学生要从小处做起,树立团队意识,将自身投入国家建设中去。

知识讲堂

一、什么是团队

团队 = 口 + 才 + 耳 + 人,意为"一个有口才的人对一群有耳朵的人说话"。这说明在团队中,这个有口才的人极为重要,他可以为团队树立共同的价值观,输入共同的信念,这是团队的核心体现。例如:《西游记》中的取经团队,师徒的梦想就是取回真经,普度众生;三国时代的蜀汉团队,兄弟们的梦想就是中兴汉室,救黎民于水火。因为有了共同的梦想,虽经历艰难险阻,却能不抛弃不放弃。散兵游勇,乌合之众,虽然人数众多,但是算不上团队。美国著名管理学教授斯蒂芬·罗宾斯曾提出"团队"的概念,即有两个或两个以上相互作用、相互依赖的个体,为了特定的目标而按照一定规则结合在一起的组织。

二、团队的构成要素

一个优秀的团队离不开五个重要的构成要素,一是人,二是目标,三是定位,四是权限,五是计划。

1.人

人是构成团队的最核心的力量,两个或两个以上的人就可以构成团队。团队的目标是通过人员具体实现的,所以人员是团队中非常重要的部分。在一个团队中,需要有人当领导,有人出主意,有人制订计划,有人实施,有人协调,还需要有人监督团队工作的进展和评价团队最终的贡献。不同的人通过分工共同实现团队的目标,在人员选择方面需要考虑人员的能力如何,技能是否互补,

贝尔宾团队
角色理论

经验如何等。

2. 目标

团队应该有一个既定的目标来为团队成员导航,让团队成员知道要向何处去,去干什么。没有目标,这个团队就没有存在价值。此外,可以把目标分解和落实到团队成员身上,让大家共同实现这个目标。

3. 定位

团队的定位包含两层意思:一层是团队在企业中处于什么位置,由谁选择和决定团队的成员,团队最终应对谁负责,团队采取什么方式激励下属;另一层是个体的定位,即作为成员在团队中应该扮演什么角色,是制订计划还是具体实施,等等。

4. 权限

团队中领导者的权力大小与团队的发展阶段相关。一般来讲,团队越成熟,领导者拥有的权力相对越小;在团队发展的初期阶段,领导权相对比较集中。团队权限关系到两个方面:一个方面是整个团队在企业中拥有什么样的决定权,比方说财务决定权、人事决定权等;另一个方面是组织的基本特征,比如组织规模的大小、团队人员的数量、组织对团队授权的大小以及业务类型等。

5. 计划

目标的最终实现需要有一系列具体的计划和行动方案,只有在计划下操作,团队才会一步一步地贴近目标,从而最终实现目标。

只有具备上述五个构成要素的组织,才可以称为团队;否则,只能称为群体组织。

三、团队的类型

1. 自我管理型团队

自我管理型团队通常由 10 人以上组成,能够执行解决问题的方案,并对工作结果承担全部责任。其责任范围包括挑选自己的成员,决定成员的任务分配,控制工作节奏,安排工作之间的休息,让成员之间相互进行绩效评估,决定成员的分配。

海尔集团、中铝公司等许多知名大企业都是自我管理型团队的典范,团队内部实行自我管理、自我负责、自我领导、自我学习的运行机制,以共同实现团队目标。

2. 多功能型团队

这种类型团队的成员来自不同的部门、不同的职能领域,拥有互补的专业知识和技能。团队成员通过彼此接触,可以启发新观点、新想法,从而达到博采众长、集思广益的效果,也可能因为背景、经历、思维方式等的差异,在团队形成初期耗费大量的时间来相互磨合,逐步建立信任和协作关系以处理复杂多样的工作任务。任务攻坚队/攻关小组、委员会等跨越部门/职能界限的横向协同组织,也是多功能型团队。

3.虚拟团队

虚拟团队是指通过电子邮件、电话、即时通信软件等信息技术将分散于不同地方、不同时区的成员联系起来进行远程的线上合作,以实现共同目标的组织。相较而言,以传统方式组织的团队通常集中于同一工作场所来合作,虚拟团队则可以实现空间或时间上的分离,可以存在较长的时间,也可能是临时的。

与传统方式组织的团队相比,虚拟团队具有明显的人才优势、信息优势、竞争优势、效率优势和成本优势,是今后发展的方向。但需要注意的是,依赖于实体目标(如与硬件相关的研制、集成)、需要大量实时沟通和协调的复杂且模糊的工作,可能不适合采用虚拟团队的形式。

四、团队的特征

一个运行良好的团队通常具有下列特征(包括但不限于):

(1)具有明确且可实现的团队目标。

(2)团队成员拥有实现团队目标的专业知识与技能,各显身手,各得其所,各司其职。

(3)有可提供有效指导与支持的团队领导。

(4)具有顺畅的沟通渠道、清晰的协作机制。

(5)拥有相互信任、尊重的合作关系。

(6)具有积极、包容的团队氛围。

(7)具有合理的绩效管理体系,可以定期反馈以及有效激励等。

探索与训练

第一步,相互认识

同学们随机分成若干小组,每个小组的同学围坐在一起,每个同学将一张未用的A4纸折叠后做成台签,写上自己的姓名、爱好或者座右铭等体现个人特色的文字。写完后进行自我介绍,可简短地分享自己的情况或者自己的一个小秘密,以增进同小组成员之间的相互了解。

第二步，团队角色测试

同学们做贝尔宾团队角色测试（对下列问题的回答，可以在不同程度上说明自己的行为）。每题有 8 个选项，请将 10 分分配给这 8 个选项，分配的原则是：最能体现行为的句子分最高，以此类推，最极端的情况可能是 10 分全部分配给其中某一项。请根据自己的实际情况把分数填入表 7-1、表 7-2 中。

贝尔宾团队角色测试

1. 我认为我能为团队做出的贡献是（　　　）。

A. 我能很快地发现并把握住新的机遇

B. 我能与各种类型的人一起合作共事

C. 我生来就爱出主意

D. 我的能力在于，一旦发现某些对实现集体目标很有价值的人，就能及时地把他们推荐出来

E. 我能把事情办成，这主要靠我个人的实力

F. 如果最终能得到有益的结果，我愿意面对暂时的冷遇

G. 我通常能意识到什么是现实的，什么是可能的

H. 在选择行动方案时，我能不带倾向性，也不带偏见地提出一个合理的替代方案

2. 在团队中，我可能有的弱点是（　　　）。

A. 如果会议没有得到很好的组织、控制和主持，我会感到不痛快

B. 我容易对那些有高见而又没有适当地表达出来的人表现得过于宽容

C. 只要集体在讨论新的观点，我总是说得太多

D. 我的客观、理性使我很难与他人打成一片

E. 在一定要把事情办成的情况下，我有时会让人感到我特别强硬以至于专断

F. 可能由于过分重视集体，我发现自己很难与众不同

G. 我容易陷入突发的想象之中，而忘了正在进行的事情

H. 他人认为我过分注意细节，我总有不必要的担心，怕把事情搞糟

3. 当与他人共同进行一项工作时，（　　　）。

A. 我有在不施加任何压力的情况下去影响他人的能力

B. 我随时注意防止粗心和工作中出现疏忽

C. 我愿意施加压力来换取行动，以确保会议不是在浪费时间或离题太远

D. 在提出独到见解方面，我是数一数二的

E.对于与大家的共同利益有关的积极建议,我总是乐于支持的

F.我热衷于寻求最新的思想和最新的发展

G.我相信我的判断能力有助于做出正确的决策

H.我能让人放心的是,对那些最基本的工作,我都能组织得井井有条

4.我在工作团队中的特征是( )。

A.他人有更多的兴趣了解我

B.我经常对别人的见解提出反驳意见或坚持自己的意见

C.在辩论中,我通常能找到论据去推翻那些不甚合理的主张

D.我认为,只要计划必须开始执行,我就有推动工作运转的才能

E.我会有意避免使自己太突出或出人意料

F.对于承担的任何工作,我都能做到尽善尽美

G.我乐于与工作团队以外的人进行联系

H.尽管我对所有的观点都感兴趣,但这并不影响我在必要的时候下决心

5.在工作中,我得到了满足,因为( )。

A.我喜欢分析情况,权衡所有可能的选择

B.我对寻找解决问题的可行方案感兴趣

C.我感到我在促进良好工作关系的形成

D.我能对决策产生强烈的影响

E.我能适应那些有新意的人

F.我能使人们在某项必要的行动上达成一致意见

G.我感到自己身上有一种能全身心地投入工作中去的气质

H.我很高兴能找到一片可以发挥想象力的天地

6.如果突然给我一项困难的工作,而且时间有限、人员不熟,( )。

A.在有新方案之前,我宁愿先躲进角落,拟订出一个解脱困境的方案

B.我比较愿意与那些表现出积极态度的人一起工作

C.我会设想通过用人所长的方法来减轻自己的工作负担

D.我天生的紧迫感将有助于我不会落在计划后面

E.我认为自己能保持头脑冷静,富有条理地思考问题

F.尽管困难重重,我也能保证目标始终如一

G.如果集体工作没有进展,我会采取积极措施加以推动

H.我愿意展开广泛的讨论,意在激发新思想,从而推动工作

7.对于那些在团队工作中或与周围人共事时所遇到的问题,(　　)。

A.我很容易对那些阻碍前进的人表现出不耐烦

B.别人可能批评我太重分析而缺少直觉

C.我有做好工作的愿望,能确保工作进展顺利

D.我常常容易产生厌烦感,需要一两个有激情的人使我振作起来

E.如果目标不明确,让我起步是很困难的

F.对于遇到的复杂问题,我有时不善于解释和澄清

G.对于那些我不能做的事,我会有意识地求助于他人

H.当与对方发生冲突时,我没有把握使对方理解我的观点

表 7-1　分数分配表

题号	选项 A 得分	选项 B 得分	选项 C 得分	选项 D 得分	选项 E 得分	选项 F 得分	选项 G 得分	选项 H 得分
1								
2								
3								
4								
5								
6								
7								

表 7-2　分析评价表

题号	IM 得分 选项	得分	CO 得分 选项	得分	SH 得分 选项	得分	PL 得分 选项	得分	RI 得分 选项	得分	ME 得分 选项	得分	TW 得分 选项	得分	CF 得分 选项	得分
1	G		D		F		C		A		H		B		E	
2	A		B		E		G		C		D		F		H	
3	H		A		C		D		F		G		E		B	
4	D		H		B		E		G		C		A		F	
5	B		F		D		H		E		A		C		G	
6	F		C		G		A		H		E		B		D	
7	E		G		A		F		D		B		H		C	
合计																

注:IM,执行者;CO,协调员;SH,鞭策者;PL,智多星;RI,外交家;ME,审议员;TW,凝聚者;CF,完美主义者。

测试分析

很少有人只有一种特性,大多数人同时具有多种特性,但一般在两三种特性上表现突出。

角色的具体含义如图7-1所示。

图7-1 角色的具体含义

(1)执行者(原为Company Worker,于1988年改称为Implementer,简写为IM)。

典型特征:保守;顺从;务实;可靠。

积极特性:有组织能力、实践经验;工作勤奋;有自我约束力。

能容忍的弱点:缺乏灵活性,应变能力差;有些固执;对没有把握的事情不感兴趣。

在团队中的作用:把谈话与建议转化为实际行动;考虑什么是行得通的,什么是行不通的;整理建议,使之与已经取得一致意见的计划和已有的系统相配合。实干家就是好的执行者,能够可靠地执行一个既定的计划,却未必擅长制订一个新的计划。

(2)协调员(Coordinator,CO)。

典型特征:沉着;自信;有控制局面的能力。

积极特性:能对各种有价值的意见不带偏见地兼容并蓄,看问题比较客观;能明确目标,促进决策。

能容忍的弱点:在智商以及创造力方面并非超群,不一定是最聪明的人。

在团队中的作用:时刻想着团队的大目标,能根据团队的目标和方向选择需要决策的问题,并明确它们的先后顺序;帮助确定团队中的角色分工、责任和工作界限,总结团队的感受和成就,综合团队的建议。

（3）鞭策者（Shaper，SH）。

典型特征：思维敏捷；坦荡；主动探索。

积极特性：积极，主动，有干劲，随时准备向传统、低效率、自满自足挑战；有紧迫感，视成功为目标，追求高效率。

能容忍的弱点：好激起争端，爱冲动，易急躁，容易给别人施加压力；说话太直接，虽然鞭策者总是就事论事，但是经常伤人不伤己。

在团队中的作用：寻找和发现团队讨论中可能的方案，一旦找到自己认为好的方案或模式，就会希望团队都采取这一方案或模式，因此会极力向团队成员推销自己认为好的方案或模式；使团队内的任务和目标成形，推动团队达成一致意见，并朝向决策行动。鞭策者经常会自觉或不自觉地在团队中扮演一个"二把手"的角色，即鞭策者可能不是名义上的领导（协调员一般是领导），却给人"二把手"的感觉。

（4）智多星（Plant，PL）。

典型特征：有个性；思想深刻；不拘一格。

积极特性：才华横溢；富有想象力；智慧；知识面广；善于打破常规，解决困难问题。

能容忍的弱点：高高在上；不注重细节；不拘礼节；不善于与普通人交往。

在团队中的作用：提供建议，提出批评，并有助于引出相反意见。

（5）外交家（Resource Investigator，RI）。

典型特征：性格外向；健谈；热情；好奇心强；联系广泛；消息灵通，是信息的敏感者。

积极特性：有广泛联系人的能力；不断探索新的事物；勇于迎接新的挑战。

能容忍的弱点：见异思迁，兴趣转移快，一时热情后很快失去兴趣。

在团队中的作用：提出建议，并引入外部信息。一个很好的比喻是：外交家对于团队的作用就像天线对于电视机的作用，他们就是团队的天线，就是用来接收外界信号的。要注意外交家和智多星的区别。智多星的想法大多是原创的；外交家则可能是由于他的个性喜欢接受新鲜事物，因此更擅长整合外界新鲜的信息，接触持有其他观点的个体或群体，参加磋商性质的活动。

（6）审议员（Monitor Evaluator，ME）。

典型特征：清醒；理智；谨慎。

积极特性：判断力强；分辨力强；讲求实际。

能容忍的弱点：缺乏鼓动和激发他人的能力，自己也不容易被别人鼓动和激发；缺乏想象力，缺乏热情。

在团队中的作用：分析问题和情景；将繁杂的材料予以简化，并澄清模糊不清的问题;对他人的判断和作用做出评价。审议员基本就是那种喜欢给别人泼冷水的人,他们靠着强大的分析判断能力,敢于直言不讳地提出和坚持异议。但审议员对于一个成功的团队是非常必要的,因为他们就是团队的守门员,一个没有守门员的球队没法赢。

（7）凝聚者（Team Worker,TW）。

典型特征:在团队中提供最大支持的成员。

积极特性:爱社交;温和;善解人意,乐于助人;会倾听;有营造力,可避免不和。

能容忍的弱点:在棘手的环境中优柔寡断。

在团队中的作用:作为最佳倾听者,在团队中备受欢迎;在工作中非常敏感,但是在面对危机时往往优柔寡断。

（8）完美主义者（Completer Finisher,CF）。

典型特征:勤奋有序;认真;有焦虑感。

积极特性:理想主义者,追求完美;持之以恒;吃苦耐劳;尽职尽责;严肃;善于发现错误;守时。

能容忍的弱点:常常拘泥于细节,有焦虑感(注意和鞭策者的不同,完美主义者有焦虑感,但鞭策者是紧迫感);不洒脱,有时过度忧虑,不愿授权于他人。

在团队中的作用:强调任务的目标、要求和活动日程,在方案中寻找并指出错误、遗漏和被忽视的内容。

第三步,众人划桨开大船

同学们一起学习《众人划桨开大船》这首歌,讨论个人和团队的关系,说出三个与团队合作相关的成语。

小 结

本环节通过分组制作个人台签以及进行团队成员角色认知,使同学们对什么是团队有了一定的认识和了解,增强了团队意识和团队角色意识。

👍 **典型示范**

华为的"拧麻花"文化

华为创始人任正非曾说:"我自己什么都不懂,什么都不会,就懂一桶'糨糊'倒在华为身上,把十几万员工黏在一块儿,朝着一个方向拼命努力。华为是一个团队企业,无论是技术研发、后端服务,还是前线销售,所有的工作都离不开团队的努力。"华为有一种文化,既要团队,又要个性;既要有效控制,又要充满活力。这是一种矛盾的管理方式,用任正非的话来说,这叫"拧麻花"。两股对立的力量同时作用,相反相成,就像拧麻绳一样,一个往左使劲,一个往右使劲,结果是绳子越拧越紧,即大家紧密团结在一起,共同努力,共同奋进。要提升团队效率,华为人认为首先要把个人和团队衔接起来。个人融入团队,上下级协调一致,做事时才能马力十足。在提高工作效率方面,不仅个人要发挥出自己最大的能力,学习更多的高效工作方法,还应该注重团队的力量。任何一个企业都不是依靠"孤胆英雄"就能做到长久立足的。任何精英或者普通员工都属于一个团队。想要提高工作效率,就必须注重团队的重要性。

任务二　组建团队

德育引领

　　"人"字有两笔,一笔是自己,另一笔则是身边的人。一个人成功了,除了自身努力外,也离不开周围的人的支持、帮助和辅佐。中华上下五千年,从历史上看,无论哪一代君主成就伟业,都有一群人在其身边支持、辅佐;从企业上看,一个成功的部门离不开各个成员默默无闻的努力和付出;对于个人而言,正是因为有家人、朋友默默地支持与帮助,我们才能够安心地投入工作,实现个人理想。一个成功的团队,背后有着很多不为人知的团队成员在尽自己的责任,在默默地耕耘。对于雁群的每一只雁来说,自己就像"人"字的一撇,而雁群中的其他成员就是那一捺。正是这种善于奉献、团结合作的精神,使得大雁能够冬去春来,长途迁徙数千里。

知识讲堂

一、团队组建的方法

团队组建的主要方法有人际交往法、角色界定法、价值观法、社会认同法。

1. 人际交往法

人际交往法强调团队成员之间进行交往的方式,目的是确保团队成员以诚实的方式交往。

2. 角色界定法

角色界定法勾勒出多种角色模式和群体过程,目的是使个人清醒地认识到个人所做贡献的类型。

3. 价值观法

价值观法强调团队价值观的重要性。所有成员在工作中都应着力树立共同的团队价值观,这样就能以一贯的方式指导自己的行为。

4. 社会认同法

社会认同法通过有效的交流来提高团队的凝聚力,通过展示团队的成就和专业性,鼓励成员为自己的团队感到自豪。

二、团队的发展阶段

理解团队的发展过程和任务是必要的,但这不足以组建一个有效的团队。一群人走到一起开第一次会议还不能算是一个团队,尽管他们相互很熟悉。这个群体要成为一个团队,必须了解团队的发展过程。

每个团队都会以不同的组建方式经历5个发展阶段:组建期、激荡期、规范期、执行期和休整期。

1. 组建期

在一个组织中组建团队一般有两种可能:一种是组建以团队为基础的组织,即以团队为整个组织的运行基础;另一种是在组织中有限的范围内或在完成某些任务时采用团队的形式。其特点是,团队的目的、结构、领导都不确定,团队成员各自摸索团队可以接受的行为规范。当团队成员开始把自己看作团队的一员时,这个阶段就结束了。

在这个阶段主要完成以下两方面的工作:一方面是形成团队的内部结构框架,另一方面是建立与外界的初步联系。

(1)形成团队的内部结构框架。

团队的内部结构框架主要包括团队的任务、目标、角色、规模、领导、规范等。在其形成过程中,下列问题是我们必须考虑的。

①是否应该组建这样的团队?

②团队的任务是什么?

③团队中应该包括什么样的成员?

④ 团队的角色分配如何？

⑤ 团队的规模有多大？

⑥ 团队生存需要什么样的行为准则？

（2）建立与外界的初步联系，主要包括：

① 建立与组织的联系。

② 确立团队的权限。

③ 建立对团队的绩效进行考评、对团队的行为进行激励与约束的制度体系。

④ 建立与组织外部的联系与协调关系，如建立与企业顾客、企业协作者的联系，努力与社会制度和文化取得协调等。

在团队组建之初，团队成员比较关注要做的工作的目标和程序。

2. 激荡期

团队经过组建期后，隐藏的问题逐渐暴露，团队内部冲突加剧，虽然说团队成员接受了团队的存在，但是仍然抵制团队强加给他们的约束。在这一阶段，热情往往让位于挫折和愤怒，抗拒、较劲、嫉妒是常有的现象，那些团队组建之初就确立的基本原则可能像风中的大树一样被刮倒。这个阶段之所以重要，是因为如果团队成员可以安全度过此阶段的话，就不再是单打独斗的个体，而是组建成团队了。

激荡存在于成员与成员之间、成员与环境之间、新旧观念与行为之间。

（1）成员与成员之间的激荡。

团队进入激荡期后，成员之间由于立场、观念、方法、行为等方面的差异必然会产生各种冲突，甚至将工作行为、任务目标、工作指导等统统抛于脑后。此时，人际关系陷入紧张局面，甚至出现强烈的敌对情绪以及向领导者提出挑战的情况。其结果是，一些人可能暂时回避，一些人准备退出。

（2）成员与环境之间的激荡。

首先是成员与组织技术系统之间的激荡。例如，团队成员在新的环境中可能对团队采用的信息技术系统或新的制作技术不熟悉，经常出差错。这时最紧迫的是进行技能培训，使成员迅速掌握团队采用的技术。

其次是成员与组织制度体系之间的激荡。在团队组建过程中，组织会在其内部建立起尽量与团队运作相适应的制度体系，如人事制度、考评制度、奖惩制度等。但是，由于这些制度是在组织范围内制定和实施的，相对于小范围的团队来说未必有效，也就是说，针对性差。所以，制定适应团队发展的行为规范已迫在眉睫。

再次是团队成员与组织其他部门之间的激荡。团队在成长过程中，与组织其他部门要发生各种各样的关系，也会产生各种各样的矛盾和冲突，需要进行协调。

最后是团队与社会制度和文化之间的关系的激荡。

（3）新旧观念与行为之间的激荡。

团队在激荡期会产生新旧观念与行为之间的激荡。

表 7-3 显示了传统组织与现代团队的一些主要区别。

表 7-3　传统组织与现代团队的区别

传统组织	现代团队
管理者决定工作项目	管理者与团队成员共同决定工作项目
工作内容狭隘	所做的工作需要广泛的知识和高超的技巧
混合训练被视为无效率	混合训练是常规操作
大部分资讯是管理阶层的财产	所有阶层自由分享大部分资讯
对非管理者的训练着重于技术方面	要求所有员工接受人际关系、行政和技术方面的训练，以持续不断地学习
冒险精神受到压抑与惩罚	鼓励、支持并接受经过评估的冒险
工作人员单打独斗，根据个人表现给予奖励	工作人员同舟共济，根据个人表现及对团队的贡献给予奖励
由管理者决定最佳作业方法	人人都为不断改善作业方法及程序卖力

由表 7-3 可知，在传统组织中进行团队建设将不得不面临一系列行为方式的激荡与改变。在这一过程中，团队建设可能会遇到很多阻力，如成员可能会因为害怕承担责任、害怕未知、害怕改变等拒绝新的团队行为方式，这时需要运用一系列手段来促进团队的成长。

3. 规范期

经过一段时间的激荡，团队逐渐走向规范。在这个阶段，团队成员之间开始形成亲密的关系，团队表现出一定的凝聚力。这时团队成员会产生强烈的团队身份感，彼此之间保持积极的态度，相互之间表现出理解、关心和友爱，并再次把注意力转移到工作任务和目标上，大家关心的问题是彼此的合作和团队的发展。团队成员对新的技术、制度也逐步熟悉和适应，并在新旧制度之间寻求到某种平衡。团队与环境的关系也逐渐理顺。在新旧观念的交锋中，新的观念逐渐占据上风，并被团队成员普遍接受。总之，团队会逐渐克服团队建设中遇到的一系列阻力，新的行为规范得到确立并被大家接受。

在这一阶段，团队面临的主要危险是团队成员因为害怕产生更多的冲突而不愿提出自己的建议。这时的工作重点就是，通过提高团队成员的责任心来帮助他们打破沉默，给团队成员新的挑战,显示出彼此之间的信任。当团队结构稳定下来,团队对于什么是正确的行为基本达成共识时,这个阶段就结束了。

4.执行期

"养兵千日,用兵一时。"在这个阶段,团队结构已经开始充分发挥作用,并被团队成员完全接受。团队成员的注意力已经从试图相互认识和理解转移到充满自信地完成手头的任务上。至此,团队成员已经学会了如何建设性地提出不同的意见,能经受住一定程度的风险,并且能用团队的全部力量去面对各种挑战。

大家高度信任、彼此尊重,呈现出接受团队外部新方法、新观念和自我创新的学习状态。整个团队已熟练掌握处理内部冲突的技巧,也学会了团队决策和团队会议的各类方法,并能通过团体行动来追求团队目标。在执行任务的过程中,团队成员加深了了解,增进了友谊,除了高度的信任外,还可以退让一步,让团队显示出巨大的能量。

5.休整期

对团队而言,休整期可能有以下几种结局:

(1)团队休整。对于一些团队,如大公司的执行委员会。在完成阶段性工作任务(如以一年为周期)之后,会开始休整并准备进行下一个工作周期,此间可能会有团队成员的更新,即可能有新成员加入或有原成员退出。

(2)团队整顿。表现差强人意的团队进入休整期后可能会被勒令整顿,整顿的一个重要内容就是优化团队规范。在这里,皮尔尼克提出的群体规范分析法很值得我们借鉴。首先,明确团队已经形成的规范,尤其是那些起消极作用的规范,如强人领导而非共同领导,个别负责任而非联合负责任,彼此攻击而非互相支持,等等。其次,绘制规范剖面图,得出规范差距曲线。

群体规范分析法

探索与训练

第一步,团队命名及标志设计

全班所有同学分成若干团队(假设五个团队),每个团队讨论并给自己的团队起名,写在台签上。团队成员共同设计团队标志,确定团队口号或者团队愿景,选择或编写团队队歌,确定团队展示方式。

第二步,团队展示

请各团队展示自己的团队。

第三步,团队角色分工

根据前面环节中的个人表现,每个团队选出团队负责人,确定各成员的角色。

第四步,团队竞赛

1.寻宝游戏

教师将寻宝游戏工作表(教师自主设计)分给各团队负责人,让所有团队在 5 min 之内收集齐表中的所有物品,按时间长短和物品数量确定竞赛名次,并展示在全体同学面前。开始竞赛前先讨论 5 min,团队负责人说明本团队本次竞赛的目标。

2.迷失丛林

> 你是一名飞行员,但你驾驶的飞机在飞越非洲丛林上空时突然失事,这时你和其他人都必须跳伞。与你们一起落在非洲丛林中的还有 14 样物品,这时你们必须为生存做出一些决定。

先以个人形式把这 14 样物品按重要程度排列出来(最重要的记 14,依次递减),把结果写在工作表(见表 7-4)的第 3 列。当同学们都完成之后,教师指导所有同学以团队形式讨论,并把这 14 样物品按重要程度重新排列一次,把结果写在工作表的第 4 列,讨论时间为 20 min。当所有团队都完成之后,教师把专家意见发给每个团队,团队成员将专家意见填入第 5 列。用第 5 列减第 3 列,将其绝对值填入第 6 列。用第 5 列减第 4 列,将其绝对值填入第 7 列,把第 6 列累加起来得出个人得分,把第 7 列累加起来得出团队得分。

表 7-4 "迷失丛林"工作表

序号	物品清单	个人排列	团队排列	专家排列	个人与专家排列的差值(绝对值)	团队与专家排列的差值(绝对值)
A	药箱					
B	手提收音机					
C	打火机					

续表

序号	物品清单	个人排列	团队排列	专家排列	个人与专家排列的差值（绝对值）	团队与专家排列的差值（绝对值）
D	3支高尔夫球杆					
E	7个大的绿色垃圾袋					
F	指南针（罗盘）					
G	蜡烛					
H	手枪					
I	一瓶驱虫剂					
J	大砍刀					
K	蛇咬伤急救药箱					
L	一盒轻便食物					
M	一张防水毛毯					
N	一个热水瓶（空的）					
	得分					

教师把每个团队的得分记录在表7-5中,用于分析。在分析时主要把握两个关键点:找出团队得分低于平均分的团队进行分析,说明团队工作的效果(1 + 1 > 2);找出个人得分最接近团队得分的团队及个人,说明此人的意见对团队的影响力。

表7-5 得分分析表

小组	个人得分	小组得分	平均分
1			
2			
3			
4			
5			

成绩出来后,请各团队讨论以下问题:

(1)个人得分高还是团队得分高? 为什么?

(2)你们团队是用什么方法达成共识的?

(3)你们团队是否出现过意见不统一的现象?如果出现过,是怎么解决的?你在这个游戏中感受到了什么?

小 结

本环节通过模拟团队组建,开展寻宝游戏和迷失丛林等竞赛,使同学们对团队组建过程有了一定的认识和了解,练习了团队组建的方法,增强了团队责任感和合作意识。

👍 典型示范

优秀教学团队组建纪实

山东铝业职业学院商学院会计电算化专业教学团队经过 15 年的建设,形成了一个结构合理、教学经验丰富、专业技能水平领先的蓬勃发展的专业教学团队,该团队具有很强的凝聚力。该教学团队在人才培养、专业建设、教材建设、科学研究、服务社会等方面,都具备很强的实力,取得了丰硕的成果。在团队建设方面,该团队依托企业办学的优势,坚持"产学结合,校企共育"的原则,以专业带头人建设为重点,以中青年专业骨干教师建设为支撑,以优化学历结构、职称结构、年龄结构为主线,以加强"双师结构"教师队伍建设为基础,从山东铝业公司调入了从事税务会计、审计、成本会计业务十几年的专业人员,充实了教学一线,提高了教学团队的整体专业素质,确保了专业与产业对接,建成了一个由专业带头人、骨干教师和从企业聘请的会计技术专家组成的专兼结合的"双师结构"高素质专业教学团队。

该团队勇于改革,大胆探索,大大提高了教学质量。2015 年,该团队被评为"山东省高等职业学院教学团队"。此荣誉的获得离不开团队所有成员的辛勤付出。

任务三　团队合作

【知识目标】◎了解团队合作的意义和团队合作的基础。

◎掌握团队合作的原则。

【能力目标】◎能合理处理团队关系，加强校内同学之间的合作。

◎初步具备团队合作的职业能力。

【素质目标】培养团队精神，增强合作意识。

教学目标

德育引领

团队合作可以战胜个人无法战胜的困难。在世界一级方程式锦标赛中，赛车都需要经过几次加油和换轮胎的过程。在紧张刺激的赛车比赛中，每辆车都是要分秒必争的，因此赛车每次加油和换轮胎都需要勤务人员的团结协作。一般来说，一辆赛车有22位勤务人员，其中有3人是负责加油的，其余人员则是负责换轮胎的，有的人拧螺扣，有的人压千斤顶，有的人抬轮胎……这是一项非常体现团队协作精神的工作，加油和换轮胎的总过程通常都在6～12 s内完成，在日常情况下，再熟练的维修工人也无法达到这个速度。如此快的速度，不仅有分工的原因，更是多人合作的结果。

在困境中绝不放弃，面对失败从来不退缩、不屈服，想尽一切办法实现目标，团队需要的就是这种精神，正所谓"上下同欲者胜。能用众力，则无敌于天下矣；能用众智，则无畏于圣人矣"。加强团队合作，才能信息共享、合理配置资源、创新观念、高效思维。

现在同学们正在校园里学习，团队合作在校园内无处不在，大家要主动进行实践，最终将团队合作意识真正内化为自己的一种品质。

▍▍▍知识讲堂

一、团队合作的意义

团队合作指的是一群有能力、有信念的人在特定的团队中,为了一个共同的目标相互支持、合作奋斗的过程。

团队合作是人类进化的精髓,是 21 世纪开拓进取、勇往直前的精髓,是企业振兴发展的精髓,是每个人阔步前进、永占鳌头的精髓。任何人要想有所作为,都必须把自己融入团队之中,与大家齐心协力。在相互协作过程中,不仅能充分发挥自己的才能,还会激发队友的潜能。要牢记这样一个道理:"一个人的成功并不是真正的成功,团队的成功才是最大的成功。"每一个团队成员都要有意识地加强与他人之间的合作,增强自己的团队合作意识。

二、团队合作的基础

1. 建立信任

要组建一个具有凝聚力并且高效的团队,最为重要的就是建立信任,这种信任是坚实的以人性脆弱为基础的信任。这意味着,一个有凝聚力的、高效的团队,其成员必须学会自如地、迅速地、心平气和地承认自己的错误、弱点、失败,同时还要乐于发现和学习别人的长处,学会向他人求助。

2. 引导和鼓励良性冲突

团队合作最大的阻碍就是对冲突的畏惧。产生畏惧的原因有两种:一种是,很多管理者担心丧失对团队的控制权,以及有些人的自尊会在冲突过程中受到伤害;另一种是,一些管理者担心冲突浪费时间,他们更愿意缩短会议和讨论时间,果断地做出自己看来早晚会被采纳的决定,留出更多的时间来实施决策,以及其他他们认为的真正的工作。要学会识别虚假的和谐,引导和鼓励适当的、建设性的冲突。这是一个杂乱的、费时的过程,但也是一个不可避免的过程。

3. 坚定不移地行动

要组建一个具有凝聚力的、高效的团队,必须明确目标,营造良好的团队氛围,制定合理的规则和激励机制,让成员得到鼓励,进而产生高效的执行力和坚定不移的行动。

4. 无怨无悔,彼此负责

一个卓越的团队,不需要领导提醒,团队成员就会竭尽全力地工作,因为他们很清楚需要做什么,会彼此提醒避免那些无助于成功的行为和活动。一个不够优秀的团队,一般对于不可接受的行为采取向领导汇报的方式,更恶劣的是在背后说闲话。这些行为不仅会降低团队的士气,还会让那些本来容易解决的问题迟迟得不到解决。

三、团队合作的原则

1. 平等友善

与他人相处的首要条件是平等。与他人相处具有相近性、长期性、固定性,彼此都有较全面、深刻的了解。要特别注意的是,真诚相待才能赢得他人的信任。信任是联结友谊的纽带,真诚是相处共事的基础。

团队精神

2. 善于交流

每个人与他人之间都会存在某些差异,知识、能力、经历等差异造成我们在对待和处理问题时会产生不同的想法。交流是协调的开始,把自己的想法说出来,听听对方的想法。要经常说这样一句话:"你看这事该怎么办,我想听听你的看法。"

3. 谦虚谨慎

法国哲学家罗西法古曾说过:"如果你要得到仇人,就表现得比你的仇人优越;如果你要得到朋友,就要让你的朋友表现得比你优越。"因为谁都在自觉或不自觉地强烈维护着自己的形象和尊严,所以当我们让朋友表现得比自己优越时,他们就会有一种被肯定的感觉,但是当我们表现得比他们还优越时,他们就会产生一种自卑感,甚至对我们产生敌对情绪。因此,对自己要轻描淡写,学会谦虚谨慎,只有这样才会受别人欢迎。

4. 化解矛盾

一般而言,与他人有点儿小差异、小摩擦、小隔阂是很正常的事。但千万不要把这种"小不快"演变成"大对立",甚至发展成为敌对关系。对别人的行动和成就表示真正的关心,是一种表达尊重与欣赏的方式,也是化敌为友的法宝。

5. 接受批评

从批评中寻找积极成分。如果他人对我们的错误大加抨击,即使带有强烈的感情色彩,也不要与之争论不休,而要从积极的方面来理解他人的抨击。这样不仅对自己改正错误有帮助,还避免了语言敌对场面的出现。

6. 培养创造能力

团队合作让一加一大于二。不要安于现状,要试着开发自己的潜能,培养自己的创造能力。一个有不凡表现的人,除了能与他人合作以外,还需要不断地提升自己的创造能力。

四、团队合作的不良现象

坚持团队合作,还要防止出现以下四种不良现象:

1. 竞争心理作怪

许多人认为现在的社会处处都要竞争,从而忽视了合作,这种片面强调竞争的心理削弱了团队合作意识。实际上,团队合作是一种互相帮助、互相进步的关系。

2. 负面默契

因为缺乏团队合作精神,明明是不切实际的任务,大家为了逃避责任都选择沉默,不愿提出异议,不愿沟通。这对公司的发展、事业的成功是非常有害的,我们应坚决抵制。

3. 个人英雄主义

一时表现良好、业绩不错的团队成员变得自私、自大,看不起他人,不愿接受别人的观点,也不允许别人反驳他的观点,这对个人、部门乃至整个公司都是非常有害的。优秀但不懂得团结合作的人,在团队中只会起负作用。

4. 因小失大

在团队合作中,集体利益和共同目标是团队成员工作的前提和原则,切忌因为过分追求个人利益而损害集体利益。

探索与训练

第一步,珠行万里竞赛

全班所有同学组成若干团队,每个团队的每个成员都要手拿一根半圆形的球槽。比赛开始,教师将球放在每个团队第一个成员的球槽中,球开始滚动,本团队中第二个成员迅速赶到第一个成员的前方,接上球槽,传送第一个成员传来的球,以此类推,直到球安全到达指定目的地。竞赛优胜团队分享感受。

教师引导学生感受团队有效的配合以及自我控制力,培养团队的责任心。

第二步,搭桥过河竞赛

每三个同学自由组成一队,赛道两头各一队。起点组的每个成员手持四块"小地毯",由第一个成员向前搭放"小地毯",第三个成员不断地把身后的"小地毯"传给第一个成员,三个成员踩着"小地毯"前进 30 m(赛距为 30 m),绕过障碍物到达终点,其间脚不能触地,待三个成员全部过界后,另一队接过"小地毯"以同样的方式往回走,最先到达起点的获胜。按时间长短排名次,按名次计分数。本活动旨在培养同学们的团队协作能力和战略战术的运用能力。

第三步,七巧板游戏

全班同学分成 7 个小组。

提前选择硬纸板、塑料板或有机玻璃板等制作 5 套不同颜色的七巧板,共 35 块,具体制作方法为:首先,选择 5 种颜色的同种材料;其次,将材料裁剪成 5 个同样大小的正方形,边长可以为 20 cm;最后,按照图 7-2 将每个正方形分成 7 块。这样 5 种不同颜色的正方形材料就被分成了 35 块七巧板。

准备 7 个任务书,分给 7 个小组。

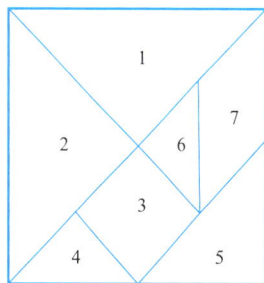

图 7-2　七巧板制作方法

1,3,5 组任务书

1. 用 5 种颜色的七巧板分别组成图 7-3 中的(a)至(f),每完成一个图案得 10 分。注意:每个图案必须有 5 种颜色。

2. 用同种颜色的七巧板组成图 7-3 中的(g),完成后得 20 分。

3. 用 3 种颜色的 7 块七巧板组成一个长方形,完成后得 30 分。

2,4,6 组任务书

1. 用同种颜色的七巧板分别组成图 7-3 中的(a)至(f),每完成一个图案得 10 分。

2. 用 5 种颜色的七巧板组成图 7-3 中的(g),完成后得 20 分。

3. 用 3 种颜色的 7 块七巧板组成一个长方形,完成后得 30 分。

7组任务书

1. 领导其他小组在规定时间内完成任务,达到1 000分的目标。

2. 指挥其他各小组成员用35块七巧板组成5个正方形,每个正方形必须由同种颜色的7块七巧板组成。每完成一个正方形,本小组将得20分,组成正方形的那个小组将得40分。

3. 支持其他各小组成员在规定时间内得到更多的分数,其他各小组总分的10%将作为本小组的加分奖励。

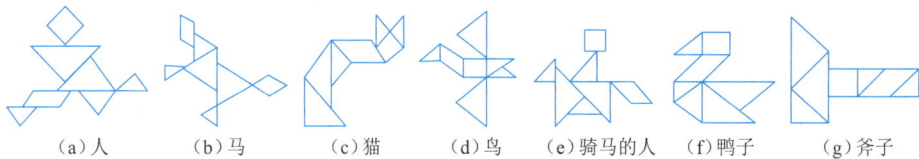

(a)人　　(b)马　　(c)猫　　(d)鸟　　(e)骑马的人　　(f)鸭子　　(g)斧子

图7-3　任务图案

首先,教师把各小组成员分别带到摆好的椅子上坐好,宣布各小组的编号。7个小组按照图7-4所示的位置排列,每两个小组之间的距离约为1.5 m,实际上7个小组位于一个正六边形的6个顶点和1个中心点上。

其次,教师向所有成员宣布这个游戏叫"七巧板游戏"。在游戏过程中,大家所坐的椅子是不能移动的,所有人的身体不得离开所坐的椅子。所有七巧板和任务书只能由第7

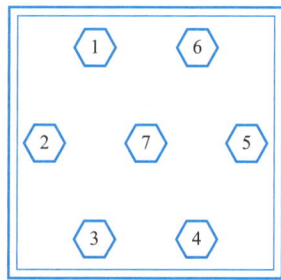

图7-4　7个小组的位置分布

组传递。每个小组的任务都在任务书上,完成任务会有积分,所有小组在规定的40 min内总分达到1 000分才算成功。

再次,教师把混在一起的35块七巧板随机发给7个小组,每小组5块,提醒同学们在游戏中使用七巧板时要注意安全,只能用手传递,严禁抛扔。

最后,教师向所有小组宣布游戏开始,各小组按任务书完成任务。

在游戏过程中,教师负责:① 注意学生不得移动椅子,身体不得离开所坐的椅子。② 在学生组好图案后确认图案,符合要求的在记分表(见表7-6)上记分。③ 时间到40 min时,结束游戏,计算各小组分数和团队总分,填写记分表。④ 收回35块七巧板。

表 7-6 七巧板游戏记分表

	第1组得分	第2组得分	第3组得分	第4组得分	第5组得分	第6组得分	第7组得分	团队总分
1								
2								
3								
4								
5								
6								
7								
8							0	
9								
总分								

记分表说明：

① 游戏前要在白纸或白板上画好记分表。

② 游戏过程中，教师得到学生组好图案的示意后，到学生那里确认学生所组的图案，把相应的得分记在记分表的相应位置。表 7-6 中 1～7 分别对应图 7-3 中（a）至（g），8 对应的是 1～6 组组成的长方形，9 对应的是 1～6 组组成的正方形。第 7 组的第一个格记录的分数为其他 6 个小组总分的 10%，第三个格记录的是其他 6 个小组组成的正方形数乘以 5 后的数。注意：正方形只有 5 个，所以 6 个小组中肯定有一个小组没有正方形的分数。

③ 根据任务书的记分规则，如果所有图案在规定的时间内都组好了，总分是 1 046 分。最后把团队总分算好，如果达到 1 000 分，则游戏成功；没有达到 1 000 分，则游戏失败。

小 结

本环节通过完成三个由易到难的团队合作竞赛任务，引导同学们体会团队合作的基础、意义和原则，体会沟通、信息共享、合理配置资源、创新观念、高效思维、科学决策等管理思想，提升面对复杂任务时组织团队的能力。

团队合作创造南海奇迹

学校搬迁，是关系到每一位教职员工的亲身大事。搬哪去？怎么搬？这些都是大家曾经思考的问题。当搬迁工作真真切切落到实处时，一系列问题也凸显出来，孩子入托、上学以及老人照顾等问题都鲜活地摆在每一位教职员工面前。校领导分头调研，分析问题，研究政策，制订方案，切切实实地解决了每一个问题。每一位教职员工在这关键时刻都用大爱去面对问题和矛盾，去努力克服困难。"校衰我耻，校兴我荣"，全体教职员工用团结一致书写了山东铝业职业学院发展过程中里程碑式的新篇章！

从第一根桩打起，到在一片滩涂地上建起4栋连体教学楼，2个实训车间，8栋六层的学生公寓，1座集办公、教学于一体的综合办公大楼，2个餐厅，1个商店，1个具有400 m塑胶跑道并带看台的体育场，这一切都让人感到惊奇和震撼。从无到有，从荒芜到高楼林立、绿树成荫，是山东铝业职业学院全体教职员工集体团结合作的结果！

2017年9月，8 000多名学生顺利入住新校区，这让每一位教职员工都感到自豪和骄傲，这是一个校区建设、搬迁的奇迹。当新生军训会操表演中那整齐的步伐迈起时，当那嘹亮的口号在新操场回荡时，每一位教职员工都感受到高昂的激情与沸腾的热血，这是团队的力量！

在这个创造神奇的地方，一切刚刚起步，还有许多问题需要解决，这一切都需要团队团结协作、共同努力去求变、改革和完善。我们坚信通过大家的共同努力，具有70多年历史的山东铝业职业学院一定会涅槃重生，再铸辉煌！

项目八
自我管理能力

《项目引言》

　　大学是一个特殊的社会角色转型期,在这期间,传统的以学校教育管理为主的模式逐渐被以大学生自我管理为主的模式取代。大学生要从依靠父母、教师转变为独立自主地生活,由学生角色向工作者角色转变。在这期间,很多人会表现出迷茫不安,特别容易被误导,很容易脱离群体、走向极端。因此,对大学生进行自我管理教育,既是大学生转型期这一特殊时期的要求,也是大学生将来适应社会需要的要求,对提高大学生的自我约束力、适应社会主义市场经济发展、实现终身教育等方面有重要意义。

　　本项目从时间管理、手机管理、压力管理、学习管理四个方面详细地讲述了自我管理的内涵和方法,以帮助同学们更好地进行学业和职业生涯管理,为将来走向社会做好准备。

任务一　时间管理

教学目标		
	【知识目标】	◎ 充分认识时间管理的作用。
		◎ 了解时间管理法则。
	【能力目标】	◎ 掌握时间管理的改进方法。
		◎ 将时间管理法则运用到实际工作中。
	【素质目标】	◎ 热爱生命，珍惜时间。
		◎ 高效执行，拒绝拖延。

德育引领

习近平总书记曾说："时间不等人！历史不等人！时间属于奋进者！历史属于奋进者！为了实现中华民族伟大复兴的中国梦，我们必须同时间赛跑、同历史并进。"

青年学生如何让自己活得更有价值？靠自我管理，把优秀变成一种习惯。什么是自我管理？"现代管理学之父"彼得·德鲁克说："所有管理的核心都是自我管理，而自我管理的核心是时间管理。"好的时间管理应该能同时做到产出最大化和自我满足。做好时间管理可以获得自己想要的成长，自己对待时间的样子就是自己未来的样子。

知识讲堂

每时每刻流动着的不仅仅是身体里的血液，还有生存的生命源泉——时间。得到时间，将得到一切。它给勤奋者留下智慧和力量，给懒惰者留下空虚和懊悔。人的生命是有限的，我们不能绝对地延长生命，但是可以通过良好的时间管理相对地延长生命。日常生活中，人们非常重视生命，却往往疏于对时间的管理。时间如空气，看不见，摸不着。要想珍惜时间，就要学会管理时间，把更多的时间用在更有效益的地方。时间增加意味着机会增加，机会增加必然促成目标早日实现；时间增加意味着生命延续，善用时间就是善用自己的生命。

一、认识时间和时间管理

1.认识时间

法国思想家伏尔泰曾出过一个意味深长的谜:"世界上哪样东西最长又是最短的,最快又是最慢的,最能分割又是最广大的,最不受重视又是最值得惋惜的? 没有它,什么事情都做不成,它使一切渺小的东西归于消灭,使一切伟大的东西生命不绝。"时间到底是什么呢? 时间对于不同的人有不同的意义。对于活着的人,时间是生命;对于商人,时间是金钱;对于做学问的人,时间是资源;对于无聊的人,时间是债务。

(1)时间的特征。

时间是一种特殊的资源,我们的生命是由分分秒秒的时间构筑而成的,因此时间的重要性不言而喻。时间具有一些基本的特性:

① 毫无弹性。时间的供给量是固定不变的,在任何情况下都不会增加,也不会减少,每天都是 24 h,所以我们无法做到开源。

② 无法积蓄。时间不像人力、财力、物力和技术那样可以被积蓄和储存。不论我们愿不愿意,都必须消费时间,所以我们无法节流。

③ 无法取代。任何一项活动都有赖于时间的堆砌,也就是说,时间是任何活动都不可缺少的基本资源,因此时间是无法取代的。

④ 无法失而复得。时间无法失而复得,它一旦丢失,就永远无法寻回。花费了金钱,尚有其他收益,倘若挥霍了时间,任何人都无力挽回。

(2)时间的价值。

要想体会一年的价值,可以去问一个高考落榜复读的学生;要想体会一个月的价值,可以去问一个不幸早产的母亲;要想体会一周的价值,可以去问一个定期周刊的编辑;要想体会一天的价值,可以去问等快递的购物人;要想体会一小时的价值,可以去问一对等待相聚的恋人;要想体会一分钟的价值,可以去问一个错过火车的旅客;要想体会一秒钟的价值,可以去问一个死里逃生的幸运儿;要想体会一毫秒的价值,可以去问一个错失金牌的运动员。

因此,浪费自己的时间就等于慢性自杀,浪费别人的时间就等于谋财害命。

2.认识时间管理

(1)时间管理的概念。

时间管理学者杰克•弗纳对时间管理的定义是:有效地应用时间这种资源,以实现个人的重要目标。卡耐基认为：竞争的实质就是在最短的时间内做出最好的东西。简单地讲，时间管理就是如何以最少的时间投入来获得最佳的结果。

（2）时间管理的关键与核心。

时间管理的关键就是对事件的控制，即把每一件事情都控制好。简单地讲，就是能合理有效地利用可以支配的时间去完成各种事务。时间管理的核心就是分清事情的轻重缓急，排列出优先顺序。

（3）时间管理的意义。

时间管理是一种习惯，这种习惯的好坏决定了自身生命的价值。如果将时间管理得非常好，那么生命就会越来越丰富。

良好的时间管理能力可以使我们取得各方面的平衡，可以让我们主导自己的生命，可以让我们实现自己的理想，可以让我们兼顾自己和别人的追求，可以让我们很忙碌但又不盲目。

二、时间管理法则

时间管理的实质是对生活方式和方法的管理，时间管理的法则就是寻求最有效的生活方式和方法。在日常工作和生活中，浪费和吞噬时间的往往不是大块头的工作，而恰恰是一些不良的生活习惯和工作方式。避免浪费时间的有效措施就是采用时间管理的法则，具体有以下几种：

1.明确目标

在制订计划和行动之前，一定要明确自己希望实现的目标有哪些，要对目标做到心中有数，绝不能采取得过且过、随波逐流的态度。确立目标后，必须明确哪些目标是短期目标，哪些目标是长期目标。如果缺乏对目标的正确把握，很可能会在没有方向的轨道上左右摇摆却到达不到终点。

2.制订计划

制订一个具体完整的计划是至关重要的，它可以帮助我们控制学习或工作的进度。没有计划或计划不完整会使我们陷入混乱，不仅浪费时间，还让我们难以实现目标。在制订计划的过程中，确定工作的优先级是关键的一步。缺乏这种判断力，就不能有效地规划时间。如果在无关紧要的事情上花的时间与在重要的事情上花的时间一样多，那么时间肯定不够用。所以，最好把每天要做的事情记录下来，并且按照类别和重要性对其进行排序，这样的话，做起事情来才会有条不紊，才能提高效率。

3. 80/20 法则

19 世纪意大利经济学家帕累托发现：80％的财富掌握在 20％的人手里，这叫 80/20 法则。80/20 法则在许多情况下得到了广泛的应用。在工作中，大约 20％的重要项目能带来整个工作成果的 80％，并且在很多情况下，20％的工作时间会带来所有工作效益的 80％，如图 8-1 所示。要善用 80/20 法则，就必须对要处理的事情在优先顺序上有明确的认识。

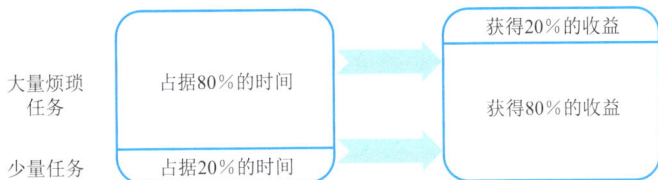

图 8-1　80/20 法则

三、改进时间管理

我们的一举一动都在和时间打交道，因此在日常生活和工作中掌握一些时间管理的改进方法可能会给我们带来意想不到的效果。可以从改进时间观念、思维习惯和工作方式入手，改进时间管理，提高时间利用效率。

时间管理

1. 改进时间观念

（1）善用一切空当。

很多人将空当以等待虚耗过去，其实这部分时间也可以纳入工作时间计划，如能善加利用，可最大限度地提高工作效率。我们需要采用一切可能的方式和手段充分利用每一分钟。

要善用不同长度的空当，比如：如果有 5 min 的空当，可以打一通电话、看一遍数据、整理一下笔记或者写一封感谢信；如果有 10 min 的空当，可以整理桌子、收发电子邮件或者整理名片；如果有 30 min 的空当，可以看看领导和其他部门发来的资料或电子文件等。

（2）逆势操作赚时间。

将逆势操作原则运用在时间管理上，就是别人干这件事的时候我偏不去干，等没人干的时候我再去干。

在办公室，逆势操作者会在大多数职员外出就餐时使用打印机或者复印机；用餐时，逆势操作者会在人潮涌入餐厅前或餐厅里人较少时吃饭，这样会大大减少等待时间；

早上上班时间交通拥挤,逆势操作者会早出发 30 min,这样可能比别人提前 40～50 min 到达,在这段时间里没有人打扰,可以静下心来仔细考虑一些事情,处理信件和邮件。

（3）合零为整。

日常工作中,人们总会被一些琐事牵绊,这些事不是很重要,但又必须去做,如整理文件、填写报销单、与他人沟通、看会议通知、回复短信、收发传真、收发电子邮件、打印文书等。千万不要低估这些无关紧要的琐事对时间的消耗,这些事情虽然不需要花费很多时间,做起来也并不复杂,但它们造成了时间的分散,打断了工作思路。

要解决这个问题,可以用一种集零为整的方法,也就是说,和时间打游击战,将工作中无关紧要但不得不做的事情集中起来,在特定的时间内一并完成,这有助于处理工作中的种种琐事、节约时间,从而提高工作效率。

（4）留出充分的休闲娱乐时间。

尽量避免无休止的打牌、喝酒、打麻将等有损健康又浪费时间的休闲娱乐活动,改为旅游、登山、散步、健身等休闲活动,在亲近自然的过程中放松紧张的身心,蓄积能量。

2. 改进思维习惯

（1）一次性把事情做好。

世界上最没有效率、最倒胃口的事情就是一件事情开始没有做好,被推倒重来。工作是很琐碎的,每一步都会牵涉很多东西,一步不到位,将导致以后的步步不到位,最后当我们看到漏洞无法弥补的时候,也就是自己被惩罚的时候。第一次就把事情做对、做好、做到位是一种观念,也是一种良好的习惯,它会节省很多的人力、物力、财力,使我们少走很多弯路。

（2）做事越简单越好。

面对纷繁复杂的问题,做事的思维和方法应该从简切入,以简驭繁,化繁为简,避免陷入繁中添乱、漫无头绪的窘境。简单的东西往往是最有力量的,但遗憾的是很多人都不知道这样一个事实。人们一看见重要的事情就习惯性地用复杂的方法去解决,结果事情越做越复杂。可以对流程不断地优化,使工作更为顺畅;也可以对流程中具体工作节点的操作过程进行简化,提高流程各环节的运行速度,从而提高效率。

（3）学会说"不"。

很多时候我们碍于情面不会客气地说"不",结果浪费了自己宝贵的时间。当我们遇到无休止的电话、闲聊或不速之客来访时,要能客气地拒绝对方,回到自己重要的事情上去。

（4）请人帮忙或授权。

不要抱着万事不求人的心态。遇到问题或棘手的事情时,学会请人帮忙可以大大缩短完成时间。当然,在工作中也可以授权下属来完成一些工作,使自己能够聚焦在最重要的事情上。

（5）尊重自身的生物节律。

提高工作效率的一个有效方法是掌握自己的生物节律,知道自己效率最高的时间段,即自己精力最为集中、思维最为活跃、行动最为敏捷的时间段。在生理活动的低点养精蓄锐,放松休息,多做小事、易事;在生理活动的高点做大事、难事。把最重要的任务安排在一天中最有效率的时间段去做,可以提高单位时间内的工作效率。

3. 改进工作方式

（1）克服拖延症。

现代职场中,许多人有一种不良的工作作风——拖延。对每一个渴望拥有较强执行力的人来说,拖延都是致命的,拖延一旦变成一种习惯,许多工作都无法开展。拖延并不能使问题消失,也不能使问题变得简单,只会使问题变得复杂,给工作造成严重的阻碍。要想成为一个有高效的执行力的工作人员,必须丢掉借口,改掉拖延的毛病,养成积极行动的好习惯。

（2）抓住问题的关键。

最快、最有效地解决问题的关键是抓要点、抓根本。如果胡子眉毛一把抓,结果往往是事事着手,事事落空,即使事情能做成,也要花费很多的时间和精力。如果不管遇到多么棘手的问题,都能够以最快的速度抓住问题的关键并采取相应的措施,那么棘手的问题就能很快地得以解决。

（3）有计划地工作。

有计划地工作是指建立一套包括目标、标准、最后期限、优先顺序的计划体系,把所有事务按照紧迫性、重要性等进行划分,确定工作顺序。此外,每天都要预留一定的时间以应对变化、危机、偶然事件等。

（4）把任务分解成易于控制的小块。

当我们被一个巨大的任务压得喘不过气来的时候,要尝试着把它分成小块,使它易于管理,然后安排相应的时间来处理这些任务小块。这样做不仅可以使自己有效地控制时间,还能逐步完成整体的任务,实现目标。

（5）善用工具。

现代科学技术高速发展，借助现代信息技术（如邮件、微信、视频会议等）可以节约大量的时间。

（6）定期整理，保持整洁。

定期对工作中产生的各种资料进行分类、整理、归档，将没有用的及时销毁。资料不仅包括纸质的文档，还包括电脑中的各种文档。通过对电脑文档、书面文件及身边工具等的整理，可以使资料或工具拿取和存放时方便快捷，从而提高工作效率。

探索与训练

第一步，剪时间尺

1. 训练说明

准备一条 60 格长的纸条或软尺，每一格代表一年，整个纸条或软尺代表我们 20～80 岁的时间，我们暂且称它为时间尺。

2. 训练过程

（1）60～80 岁的 20 年是老年时间，剪掉老年时间，即在时间尺上剪去 20 格，剩下的 40 年为黄金时间。

（2）每天睡眠 8 h，40 年中大约睡眠 13 年，在时间尺上剪去 13 格，时间剩下了 27 年。

（3）早、中、晚三餐，加上周六、周日的闲聊活动，每天平均 2.5 h，40 年中大概用掉 4 年，在时间尺上剪去 4 格，剩下 23 年。

（4）每天用于交通的时间平均为 2 h，40 年中大约用掉 3 年，在时间尺上剪去 3 格，剩下 20 年。

（5）每天用于打电话、找东西的时间大约为 0.5 h，40 年中大约用掉 1 年，在时间尺上剪去 1 格，剩下 19 年。

（6）每天看电视的时间大约为 3 h，40 年中大约用掉 5 年，在时间尺上剪去 5 格，剩下 14 年。

（7）每天用于锻炼，以及周六、周日花在购物上的时间，平均每天大约 3 h，40 年中大约用掉 5 年，在时间尺上剪去 5 格，剩下 9 年。

（8）每天刷牙、洗脸、个人清洁、化妆、看新闻大约用去 0.5 h，40 年中大约用掉 1 年，在时间尺上剪去 1 格，剩下 8 年。

（9）如果一年中有 10 天休假，40 年中大约用掉 1 年；如果每天有 0.5 h 无法集中精力工作，40 年中大约用掉 1 年。两项合计大约用掉 2 年，剩下 6 年。

第二步，时间矩阵竞赛

全班所有同学分成若干小组。每个小组的同学在一张纸上画出时间矩阵，如图 8-2 所示，并分区列出事项，先写完 16 个事项的小组获胜。每个小组派一名代表分享时间矩阵。

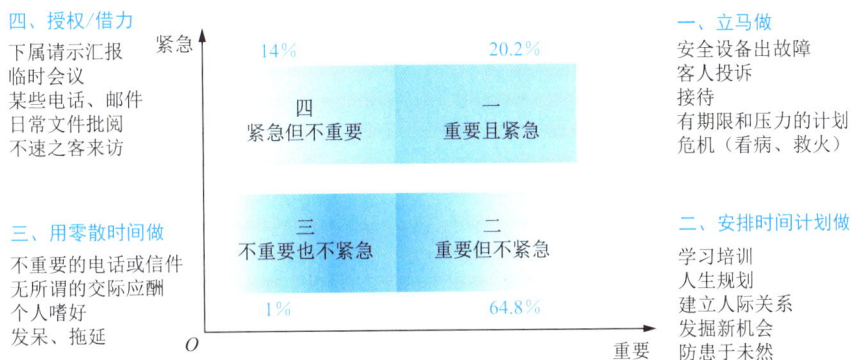

图 8-2　时间矩阵

小 结

本环节基于对时间管理方法的学习和训练，培养同学们时间管理的习惯，帮助同学们提升工作效率和生命质量。

典型示范

数学家华罗庚的时间管理

华罗庚先生曾经写过一篇文章《统筹方法》，其中提到一个问题：如果想泡壶茶，当时的情况是，没有开水（烧水需要 15 min），水壶没洗（洗水壶需要 1 min），茶壶没洗（洗茶壶需要 1 min），茶杯没洗（洗茶杯需要 2 min），拿茶叶需要 1 min。你会怎么办呢？

下面有几种方法。

方法甲：洗好水壶，灌上凉水，放在火上。在等待水开的时间里，洗茶壶、洗茶杯、拿茶叶。等水开了，泡茶喝。总共用时 16 min，如图 8-3 所示。

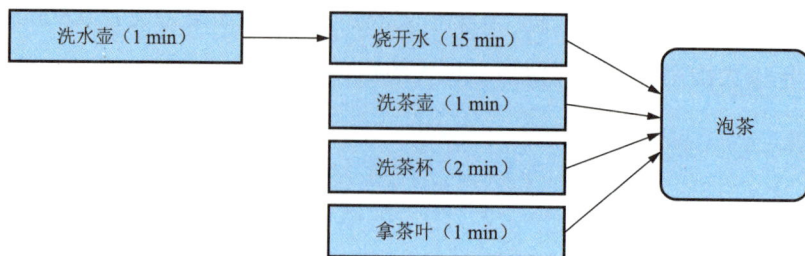

图 8-3 方法甲

方法乙：先做一些准备工作，洗水壶、茶壶、茶杯，拿茶叶。一切就绪后，灌水烧水。坐等水开后泡茶喝。总共用时 20 min。

方法丙：洗水壶，灌上凉水，放在火上，坐等水开；水开了之后，急急忙忙地找茶叶，洗茶壶、茶杯，泡茶喝。总共用时 20 min。

这看起来有点儿小题大做，但它确实与时间管理有关。其实统筹方法在生产实践中的应用非常广泛，尤其是在工作环节太多的时候。因此，在生活或者工作中，只有利用科学的方法，合理安排工序，做好时间管理，才可以最大限度地提高效率。

任务二 手机管理

德育引领

在信息时代,手机基本成为每个人的标配。手机问题是当前困扰青少年学生的严重问题。为了防止学生沉迷网络和游戏以及保护学生视力,使学生在校专心学习,促进学生身心健康发展,教育部办公厅印发了《关于加强中小学生手机管理工作的通知》。手机管理是自我管理的重要组成部分,相信青年大学生通过增强自控力,有能力做好手机管理,养成良好的学习和生活习惯。

知识讲堂

一、过度使用手机的影响

1.影响学习,影响他人和集体

有的学生上课时不关手机而是调为震动,一旦有电话打进,往往是想接又不敢接,无法集中注意力。学生的自控能力较差,当他们对课堂内容感到枯燥乏味时,就会用手机玩游戏、发短信甚至打电话,扰乱课堂纪律,影响教学质量。

手机依赖公益短片

2.攀比成风,铺张浪费

手机更新换代的速度越来越快,功能也越来越多,导致学生的攀比现象越来越严重。有的学生每月花在手机上的费用少则几十元,多则几百元,给家庭造成很大的负担。

3. 影响身体健康

一些研究资料表明,长期受低强度电磁辐射会影响身体健康,造成诸如头痛、头昏、乏力、失眠、脱发等症状,长期使用手机还会增加神经衰弱症状的发生率。一些青少年长期依赖手机,以手机为生活的中心,一旦离开手机,就会变得烦躁不安、情绪低落、郁郁寡欢,甚至遇到正常的手机没电、信号减弱等情况也会紧张和焦虑,这些都是手机中毒综合征的表现。此外,经常盯着手机屏幕看,尤其是长时间熬夜玩手机,会对眼睛造成很大的伤害,导致视力模糊、近视。

4. 侵犯他人隐私

青少年喜欢拿着手机拍照,甚至故意将恶搞的行为拍下来发到网上,这不仅宣扬了不文明行为,还会在不知不觉中侵犯他人的隐私权。

二、坚持不懈成习惯

手机管理是自我管理的重要内容,其核心是自主提高自控性和自律性,在合理的时间和事务里有计划、有节制地使用手机。

1. 让手机"居家隔离"

有一项心理实验将参与者随机分成三组进行了相同的测验。第一组,与手机共处一室,将手机放在视线范围内的桌子上;第二组,与手机共处一室,将手机放在包里;第三组,参与者和手机不共处一室,将手机放在另一个房间。结果表明,无论手机关机或静音,都是与手机不共处一室的参与者得分最高。原因在于,就算没有使用手机,当脑海里出现"我不能玩手机""要少玩手机"等类似的想法时,也会占据大脑里的认知资源。因此,为避免手机对大脑认知资源的占用,最好的办法就是让手机"居家隔离",即与手机不共处一室。

2. 让手机"延时等待"

当我们实在很想玩手机时,不妨先等待 20 s。这个方法源自神奇的 20 s 原则,即如果一件事需要启动的时间长于 20 s,那么就很难启动。其中的生理机制就在于控制我们欲望、动机和情绪的杏仁核,它的工作时间非常短暂。等待 20 s,杏仁核慢慢安稳下来,玩手机的欲望便会大大降低,而负责自我控制的前额叶开始恢复功能,我们的自控力也开始发挥作用。

3. 让手机"少点儿红色"

研究表明,红色是最能触动人们警觉性的颜色,可以在 1 s 内唤起大脑的注意力。

这也是有时我们明明想用手机查英语单词,但看到新消息提示后,一下子就被吸引过去,然后查单词就变成了不停地刷消息的原因。因此,为避免注意力被层出不穷的新消息吸引走,我们可以关掉手机里的所有消息提示开关,让手机"少点儿红色"。

4.给一个截止时间

在一项名为"无底碗"的实验中,研究者让两组被试喝同样的西红柿汤,但第二组被试喝汤的碗的底部有两条隐藏的管子持续向碗中输送汤汁,结果第二组被试喝的西红柿汤比第一组多了40%。这个实验说明,当人们看不到截止部分时,很难停止正在进行的行为。所以,在使用手机时,要给自己设定一个明确的截止时间,如规定自己周六只玩50 min手机,当时间到50 min时就放下手机。

在自我手机管理的初始阶段,跟踪检查是必要的。慢慢养成习惯,做一个能管理手机而不是被手机奴役的人吧!

探索与训练

第一步,分享讨论

同学们在课堂上分享自己手机的型号、功能,然后分组讨论每天使用手机的时间及主要用途,填写表8-1。

表8-1 使用手机信息表

手机型号及主要功能	所装App数量	每天使用手机的时间	每天玩游戏的时间	每天看视频的时间	每天社交、看QQ或微信的时间	使用频率最高的App	备注

第二步,亲身测验

判断自己是不是患有"手机癌"。将手机上交,安静下来,10 min后谈一下感受,然后做一下测试,将分数记录下来。每道题的评分范围为1~7分,其中1分为非常不认同,

7 分为非常认同。

1. 以下测试题适用于带着手机时

① 如果智能手机不能随时浏览信息，我会感到不舒服。

② 如果无法通过智能手机搜索信息，我会感到气恼。

③ 如果智能手机无法查看新闻（如事件、天气等），我会感到焦虑。

④ 如果智能手机的某些功能出现问题，我会感到气恼。

⑤ 如果手机没电了，我会很害怕。

⑥ 如果手机余额即将不足或数据流量即将用完，我会抓狂。

⑦ 到了一个地方之后，我首先会查看是否能连上 Wi-Fi。

⑧ 如果智能手机无法使用，我会担心被困在某地。

⑨ 如果有一段时间无法查看手机，我就会产生强烈的看手机的欲望。

2. 以下测试题适用于没带手机时

① 无法随时打电话给家人或朋友，我会感到焦虑。

② 家人或朋友无法找到我，我会感到担心。

③ 不能接收短信或电话，我会感到紧张。

④ 无法同家人或朋友一直保持联系，我会焦虑。

⑤ 无法确定是否有人找我，我会感到紧张。

⑥ 同家人和朋友的联系中断，我会感到焦虑。

⑦ 无法随时与网友联系，我会感到紧张。

⑧ 无法从社交媒体和网络世界获取最新资讯，我会感到紧张。

⑨ 不能及时收到通知或提醒，我会感觉不方便。

⑩ 不能查看邮件和微信，我会感到焦虑。

⑪ 不知道该做什么，我感觉很别扭。

结果判断标准：20～60 分，有轻度"手机癌"；61～100 分，有中度"手机癌"；100 分以上，患有严重的"手机癌"。

第三步，对症治疗

如果你患有"手机癌"，推荐的治疗方法如下：

（1）放下手机，静心读书。刚开始，你会惊讶地发现自己很难集中注意力，很可能读几分钟就会走神。这说明你的"手机癌"已经比较严重了，你可以先努力坚持阅读 20 min，再逐渐延长时间。

（2）主动锻炼思考能力。可以选择一个自己感兴趣的问题，搜集相关信息后独立思考和分析这些信息，形成自己的观点。

（3）努力亲近自然。走出家门，来一次单纯的爬山或者旅行等，这里的单纯是指不要在应该享受自然的时候却忙着拍照发朋友圈。

（4）确定一个小目标。确定一个与电子产品无关的小目标，比如在两个月内练出腹肌，学习一种绘画或者一门外语，让自己摆脱信息的控制。

第四步，保护好自己的隐私

全班同学分小组讨论自己下载软件时是否关注过开放权限。实际操作下载一个软件，首先选择关闭所有的权限，然后在使用软件的过程中根据需要逐个打开相应的权限。这样可以保证对软件的授权是最小的，可以最大限度地避免泄漏个人隐私。

小 结

本环节基于对同学们使用手机的分析，得出自我评价，使同学们认识到手机管理的必要性和紧迫性，以及做好手机管理是实现自我管理的必要一步。

👍 以人为鉴

走出沉迷手机的困局

L同学入校时成绩优异，专业排名第5。然而入校后不久，他对手机产生了强烈的依赖，手机变成其生活中必不可少甚至近乎唯一的精神寄托：上课、吃饭、自习，他都在一刻不停地看手机，经常会无意识地玩手机、刷微信、看QQ，漫无目的地浏览网页等。有时老师或同学与其谈话交流，他也会时不时地摸摸手机。问其原因，他说害怕忘记带手机，又怕手机没电关机。总之，该同学短时间内如果没有触摸手机，就会表现出心神不宁、焦躁不安等症状，成绩下滑严重。

教师通过对他的观察和对他身边的同学的调查发现，过度依赖手机给他的心理造成了巨大的影响。L同学没有明确的学习目标，更没有明确的职业生涯规划，手机让他丧失了自我管理能力，使他不能有效地约束自己的行为，精神生活匮乏，需要依赖手机的各种功能来填补内心的空虚和寂寞，且心理依赖现象逐渐加重。

学校了解情况后，有针对性地采取措施帮助L同学摆正了手机在其学习和生活中的位置,避免了他过度使用手机;帮助他正确处理了学业学习、交友择业等方面的问题,引导他培养良好的心理品质,逐渐转移了对手机的注意力;帮助他确定了合理的手机使用时间,制订了合理的学习计划和职业生涯规划等,提升了自我管理能力。

通过一段时间的正向引导与鼓励,目前 L 同学每天玩手机的时间控制在 0.5 h 之内,而且主要是与家里联系、看新闻、看通知等。现在他每天坚持锻炼,报名参加了"校长跑"活动和读书社,与同学们一起走进图书馆看书、学习,人际交往能力也得到了提升,在他的脸上终于看到了久违的纯真笑容,手机依赖现象基本消除。

任务三　压力管理

教学目标

【知识目标】了解压力及其产生的原因和影响。

【能力目标】掌握应对压力的措施或方法。

【素质目标】培养积极、乐观的心态，提高自我效能感。

德育引领

如果做一个实验，分别把胡萝卜、鸡蛋和咖啡豆放入烧开水的锅里，不久以后你会发现什么现象？它们面临着同样的处境，最后的反应却迥然不同。原本看似坚硬的胡萝卜，入水后渐渐变得柔软，失去了弹性；外表不堪一击的鸡蛋，经过开水的洗礼变得坚固，富有弹性；最精彩的是咖啡豆，不但没有失去自己的味道，而且改变了水的味道。那么，现在我们来做个选择题，烧开的水就好比生活中的压力，在这种压力下，我们的反应会是哪一种呢？胡萝卜？鸡蛋？咖啡豆？

很多时候我们的态度决定着事情的成败。有的人用积极乐观的态度把压力转变为动力，坚定自我，不改初心，在拼搏进取中实现了华丽的转身。有的人在生活的重压下自怨自艾，萎靡不振，陷入被动的泥潭无法自拔。生活本身就是一个不断适应和自我完善的过程，只不过有的人像胡萝卜，有的人像鸡蛋，有的人像咖啡豆。

知识讲堂

一、认识压力

当一个人有了欲望或出现紧迫感的时候，压力就会随之而来。现在压力已经成为一种流行病。研究发现，有 50% ～ 80% 的疾病都与压力有关。部分研究者断言，压力和任何疾病都可以发生联系。压力是一种非特定的反应，不同的人表现出来的是不同的身体状况。除了对身体造成伤害以外,过大的工作压力对组织的消极影响也是巨大的。因为,如果一个人压力过大,会产生不满、消极情绪,对学习、工作不负责任,还会出现旷课、旷工等一系列问题。

1. 压力与压力管理

一般而言,压力是指一种认知反应,是个体认为受到超出个人能力所能应对的某种刺激或境遇时表现出来的激动、紧张、不安、威胁等心理体验的总和。它是一种主观的内部心理状态,是人体对需要和威胁的一种生理反应。整体看来,在今天竞争激烈、发展迅速的社会环境中,压力是无处不在的,其负面效应已经开始显现。因此,加强对压力的有效管理迫在眉睫。

压力管理是管理自己所承担的职责和压力的一种有效的方法。通过压力管理,可以对压力进行诊断,确定压力来源,并采取合适的措施来对抗压力。由于个体之间存在显著差异,因此不同的人面对压力时所表现出的状态也会存在明显差别。

2. 压力产生的原因

压力产生的原因是复杂多样的,我们把那些具有威胁性或伤害性并因此带来压力感受的事件或环境称为压力源。生活中的压力源可能存在于我们自身,也可能存在于环境中。据调查,人类最主要的压力源是人际关系。心理学家对造成压力的各种事件或环境进行分析后提出了四种类型的压力源。

(1)躯体性压力源。

躯体性压力源是指通过对人们的躯体直接产生刺激作用而造成身心紧张状态的刺激物,包括物理的、化学的、生物的刺激物,如过高或过低的温度、微生物、变质的食物、酸碱刺激物等。这一类刺激物是引起生理压力的主要原因。

(2)心理性压力源。

心理性压力源是指来自人们头脑中的紧张性信息,如心理冲突与挫折、不切实际的愿望、不祥的预感,以及与工作责任有关的紧张等。心理性压力源与其他类型的压力源的显著不同是,它直接来自人们头脑中,反映了人们处理问题时遇到的困难。

(3)社会性压力源。

社会性压力源主要是指造成个人生活方式变化,并要求人们对其做出调整和适应的情景和事件。社会性压力源包括个人生活中的变化,也包括社会生活中的重要事件。

(4)文化性压力源。

文化性压力源主要是指要求人们适应和应对的文化变化问题。文化性压力源最常见的是文化性迁移,即从一种语言环境或文化背景进入另一种语言环境或文化背景,面临全新的生活环境、陌生的风俗习惯以及不同的生活方式,从而产生压力。若不改变原有的习惯,适应新的变化,常常会出现不良的心理反应,甚至积郁成疾。例如,出国留学,如果缺乏对环境改变所应有的心理准备,没有达到一定的外语水平,在异文化背景下就无法交流,很难适应,甚至中断学业或引发疾病。

3. 压力的代价

有很多数据可以说明压力对个人和组织造成的损失有多大。在美国,因压力过大导致员工经常旷工、心不在焉、创造力下降而造成的损失每年就超过 1 500 亿美元。据医学专家估计,大约 1/2 甚至 3/4 的疾病和意外事故都与压力过大有关。压力的代价是沉重的,有的可以衡量,有的不可以衡量。表 8-2 简单地列出了一些可以衡量和不可以衡量的压力代价。

表 8-2　压力的代价

可以衡量的代价	不可以衡量的代价
疾病	差劲的表现
提前退休	差劲的时间管理
工作中死亡	错误的决策和低效的管理
事故	爆发潜在的冲突
受伤	存在事故隐患
旷工	人际关系恶化
不能完成工作任务	丧失集中注意力的能力
保健理疗费	创造力降低
医疗花费	判断力降低

二、压力反应

压力是一种非特定的反应,不同的人表现出来的是不同的身体状况。除了对身体造成伤害以外,过大的压力还会导致不良的心理和行为。

压力如何影响你的大脑

1. 对压力的反应

当我们面对压力时,会产生一系列生理、心理反应,并伴随相关的行为反应。这些反应在一定程度上是机体主动适应环境变化的需要,它们能激发和发挥机体的潜能,增强机体抵御疾病的能力。但如果反应过于强烈或持久,就可能导致生理、心理功能紊乱,严重时还会导致死亡。

2.影响压力反应的因素

压力是由刺激引起的,不良的刺激会引起压力,愉悦的刺激也会带来压力。生活中,压力是客观存在的,是不可避免的,但不同的人对压力的感受是不同的,即使是同样的刺激源,不同的人产生的压力感也大不相同。为什么不同的人产生的压力感存在很大差异呢?这主要受以下几个因素的影响:

(1)认知因素。

认知因素在降低压力感和缓解压力中起着重要作用。面对同样的压力情境,有些人会感觉苦不堪言、手足无措,而另一些人则能平静对待,这与认知因素有关。当一个人面对压力时,在没有任何实际压力反应之前会先辨认压力和评价压力。如果把压力的威胁性估计过大,而对自己应对压力的能力估计过低,那么压力反应必然过大。例如,一个人在安静的书房里看书,忽然听到走廊上响起一串脚步声,如果认为是将要入室抢劫的坏人来了,就会惊慌恐惧;如果认为是朋友全家来拜访,就会轻松愉悦。

(2)性格因素。

一个人的性格决定了其看待压力和应对压力的方式。美国心脏病专家迈耶·弗里德曼和雷·罗森曼首先提出:"压力是心脏病的一个重要引发因素。"他们研究发现,许多遭受心脏病痛苦的人都具有相似的行为方式。

他们把人们的行为方式分为 A 型性格的行为方式和 B 型性格的行为方式。

A 型性格行为方式的人具有以下特点:成就动机高,竞争意识强,对自己寄予极大的希望;严格要求自己,不惜任何代价实现自己设定的目标;说话办事讲究效率,工作努力,以事业上的成功与否作为评价人生价值的标准;时间紧迫感强,试图在极短的时间里做出极多的工作。

B 型性格行为方式的人具有以下特点:从容安逸,做事不紧不慢,温和平静,富有耐心,比较随和,不争强好胜,对成败看得很淡薄。

(3)社会支持因素。

人既是自然的人,又是社会的人。人的社会属性决定了人是群居动物。人需要与其他人交往,更需要来自其他人的支持,这就是所谓的社会支持。失去社会支持,人类个体总会出现各种各样的问题。社会支持的目的在于使个体被照顾,拥有自信或价值感,感到自己是社会中的一员。特别是人们处于压力中时,更加需要强有力的社会支持。良好的社会支持系统可以使个体得到更多的支持与帮助,个体承受压力的能力就会提高,对压力事件的感受强度就会下降。当然,不好的社会支持系统则会使个体的压力感陡增,从而导致个体产生严重的心理负担,进而影响身体健康。因此,与周围的人建立良好的人际关系,获得更多的社会支持,对自己应对压力、提高压力承受力非常重要。

（4）性别因素。

一般而言,社会对男性的期望要高于女性,衡量男性成功的标准更多的是事业有成、家庭幸福。此外,社会普遍认为男性应该扮演强者的角色,应该承受一切;而女性更多的是弱者,是受保护的对象。这种性别因素使得男性比女性的压力感更强一些,承受的压力更大一些。

（5）个体经验。

个体经验同样影响个体对压力的感受。一个从未遭遇压力的人,一旦遇到打击就会惊慌失措,不知如何应对。但对于一个生活坎坷的人,同样的打击却不会造成重大伤害,反而更能激起对抗压力的激情。可见,不能惧怕压力,要勇敢地面对压力,当经历磨难之后,就能增强面对压力的勇气和提高应对压力的能力。有人曾对两组跳伞者的压力状况进行调查,结果发现:有过 100 次跳伞经验的人不但恐惧感弱,而且会自觉地控制情绪;而无跳伞经验的人在整个跳伞过程中恐惧感强,并且越接近起跳越害怕。其实生活中这样的例子有很多,只要我们善于积累经验,就可以锻炼自己承受压力的能力。

（6）环境因素。

一个人的压力来源与他所处的小环境有直接关系。小环境主要是指工作单位、学校及家庭环境。工作量过大、角色不明、支持不足、沟通不良、小团体盛行等工作环境都会使人产生压力感;家庭的压力常常来自子女教育、经济问题、家务劳动分配、亲戚关系等;学习任务、就业、考证、升学等学校因素也会使人产生压力。如果工作称心如意,家庭和睦美满,学习一帆风顺,则个体对环境的压力感知度就会降低,承受压力的能力也会相应提高,个体也会心情舒畅、身心健康。

（7）准备状态。

对即将面对的压力事件是否有心理准备也会影响个体对压力的感受。心理学家对两组即将接受手术的患者进行实验,对其中一组在术前讲明了手术过程及后果,患者对手术有了充分的心理准备,能将手术带来的痛苦视为正常现象并坦然接受;对另一组不做特别介绍,患者对手术一无所知,他们对术后的痛苦过分担忧,对手术能否成功也持怀疑态度。结果手术后有心理准备的一组比无心理准备的一组止痛药用得少,而且平均提前三天出院。可见,有应对压力的准备也是减小压力的重要因素。

3.压力下的行为反应

压力下的行为反应可以分为直接反应与间接反应。直接反应是指直接面对引起紧张的刺激时,为了消除刺激而做出的反应。间接反应是指借助某些物质暂时减少与压力体验有关的苦恼,如借酒浇愁、暴饮暴食等。

面对压力的生理反应、心理反应、行为反应具体见表8-3。

表8-3　压力下的反应

生理反应	心理反应	行为反应
心率加快	焦虑和紧张	拖延和逃避工作
血压升高	迷惑和急躁	表现能力和生产能力降低
肾上腺素分泌增加	疲劳、生气和憎恶	酗酒和吸毒
肠胃失调,如出现溃疡	情绪过激和反应过激	完全无法工作
身体受伤	感情压抑	去医院的次数增加
导致心脏疾病	交流效果降低	缺勤、离职
出现呼吸问题	退缩和忧郁	为了逃避而暴饮暴食
汗流量增加	产生孤独感和疏远感	由于胆怯而减少饮食
皮肤功能失调	厌烦,对工作不满	冒险行为增加
头疼	导致精神疲劳和低效能工作	侵犯别人,破坏公共财产
导致癌症	注意力分散	与家人或朋友的关系恶化
肌肉紧张	缺乏自发性和创造性	自杀或试图自杀
睡眠不好	自信心不足	没胃口,瘦得快

三、应对压力的措施

面对生活中的各种压力,人们会采取不同的方式进行缓解。需要注意的是,有些减压方式看起来当时能够起作用,但是弊大于利,会带来更多的身心健康和适应问题,是不健康的减压方式,如吸烟、饮酒、过度购物、沉迷游戏等。我们要用科学的方法缓解压力,不消极,不逃避。

大学生压力管理与
挫折应对

1.缓解压力的方法

面对压力时,我们可以采用以下方法来缓解,保持心理健康:

(1)正视现实。如果我们能够实事求是地看待事情,用自行负责的态度对待事情,心里的感觉就会有所不同。

(2)合理宣泄。面对压力时,心里淤积的消极情绪会对身心健康造成极大的伤害,我们可以通过自我宣泄来缓解压力。合理宣泄情绪的方式有:哭——适当地哭一场;喊——痛快地喊一回;诉——向亲朋好友倾诉心事;动——进行适当的运动。

(3)学会放弃。学会放弃并不是一件容易的事,但是选择和放弃是同时存在的。要想选择轻松的生活,得学会放弃想要而得不到的东西,因为"鱼和熊掌不可兼得"。

（4）自我放松。通过运动、聊天、购物、看电影、听音乐、小型聚会、外出旅行等方法来放松。

（5）提高自我效能感。自我效能感是指个体对自身能否完成某一项任务或工作所具有的能力判断和信念,它是由情景决定的能力知觉。个体的自我效能感越强,越能以积极的、有效的方式缓解压力。

2. 提高自我效能感的方法

（1）从自己以往成功的经验中提高自我效能感。可以回忆和总结自己经历过的一些具有挑战性且通过努力达到了预期效果的事情,鼓励自己一定能战胜眼前的困难。

（2）通过自我暗示来提高自我效能感。每天起床前 10 min 或者睡前 10 min 默默地告诉自己:自己一定能行! 这样通过潜意识来激励自己成为理想中的样子。

（3）用榜样的力量来提高自我效能感。寻找一个自己周围有成功经验且与自己条件相近的人,以其为榜样,通过向其学习来提高自己战胜困难的勇气。

有人说压力是与生俱来的,面对生活和工作中的种种压力,我们要自信乐观,乐于沟通,学会认识自己,学习别人的长处,充分利用资源,学会合作,不过度追求完美,会适当地宣泄,懂得享受自然、享受生活。我们要知道,生活的理想就是为了理想的生活量力而行。希望我们每个人都能用适合自己的方式调适和缓解压力,轻松面对生活、面对未来,始终保持身心健康。

探索与训练

第一步,诊断压力

适度的压力可以增强生活与学习的动力,过大的压力会导致许多身心疾病。在压力管理中,个体首先要对压力进行诊断,以确定自己当前的压力状况。诊断压力,可以使自己更深刻地认识压力,从而洞悉压力的本质。

表 8-4 为压力诊断表,请根据表述选择最贴近自己最近一个月实际情况的压力征兆频数,并画"√"。

表 8-4 压力诊断表

征兆类型	从不	很少	有时	经常	一直
持续疲劳					
精力不足					

征兆类型	从不	很少	有时	经常	一直
持续头疼					
胃肠紊乱					
呼吸困难					
手脚出汗					
头昏眼花					
血压升高					
心跳加快					
内心持续紧张					
失眠					
情绪失控					
换气过度					
闷闷不乐					
易怒					
注意力不集中					
日益增加对别人的攻击					
强制饮食					
长期抑郁					
焦虑					
不能放松					
感觉不正常					
日益增强防范意识					
依赖镇静剂					
酗酒					
过度抽烟					
总分					

注:"从不"为0分,"很少"为1分,"有时"为2分,"经常"为3分,"一直"为4分。

解释:26分以下,表明压力较小,可以应对;27~52分,表明正在承受一定的压力;53~72分,表明承受的压力很大;73分及以上,表明压力过大,正在走向崩溃。

第二步,解压方法探讨

请同学们说出自己的解压方法,选择三种演示一下,如听音乐、爬山、锻炼、心理咨询等。

小 结

本环节通过压力测试和讨论解压方法，引导同学们认知压力，了解压力管理，增强做好压力管理以及变压力为动力的信心。

👍 **▌▌▌ 榜样人物** ▶▶

谷爱凌奇迹大逆转，冬奥夺金

2022 年 2 月 8 日，北京冬奥会自由式滑雪女子大跳台决赛，谷爱凌冲击个人本届冬奥会首枚金牌。本届冬奥会，谷爱凌在自由式滑雪女子大跳台、U 形场地技巧和坡面障碍技巧上都有冲金实力。其中自由式滑雪女子大跳台，谷爱凌只练了一年多，并没有绝对的夺冠实力。在资格赛中，谷爱凌第二跳就出现了严重的失误，在落地时滑板脱落，只拿到 24.5 分。还好谷爱凌顶住了压力，第三跳发挥得很稳，以第五名晋级决赛。

决赛中，谷爱凌第一跳的空中姿势非常完美，拿到了 93.75 分，在所有选手中排在第二名。第二跳为向左侧转体 1 080°，空中有一个抓板接另一个抓板的动作，拿到 88.50 分。两跳过后，谷爱凌的总分为 182.25 分，只排在第三名。第三跳，为了冲击金牌，谷爱凌没有退路，选择了向左偏轴转体 1 620°，空中抓板，这是一个超纲动作，也是谷爱凌此前从来没有完成过的动作。然而，谷爱凌成功了，并且还有这么完美的表现，真是让人难以置信！观众沸腾了，谷爱凌也激动不已。最终谷爱凌第三跳拿到了 94.50 分，全场最高分。

如此一来，谷爱凌三跳的总分为 188.25 分。在谷爱凌的高分压力下，瑞士选手格雷莫德第三跳出现失误。前两跳，格雷莫德是领先谷爱凌的，由于第三跳出现严重的失误，因此三跳的总分没能超过谷爱凌。最后一名选手泰丝·勒德前两跳的总分排名第一，但因为第三跳落地时出现失误，三跳的总分也没能超过谷爱凌。于是，谷爱凌凭借神奇的第三跳实现了奇迹大翻盘，从第三名一举升至第一名，以总分 182.25 分成功夺得了北京冬奥会自由式滑雪女子大跳台的金牌。这是谷爱凌个人本届冬奥会的首枚金牌，也是中国代表团本届冬奥会的第三枚金牌。

谷爱凌的抗压能力值得大家敬佩。资格赛第二跳，谷爱凌出现了严重的失误。决赛前两跳过后，谷爱凌的总分只排在第三名。关键时刻谷爱凌展示了自己强大的心脏。资格赛第二跳，谷爱凌稳定完成，拿到决赛资格。决赛第三跳，谷爱凌挑战了自己从来没有完成过的超高难度的动作,实现了奇迹大翻盘。

能够正视失误并及时调整,能够顶住压力超越自我,这是谷爱凌能够成为"别人家的孩子"的重要品质。抗压能力来自拥有自信和自由的灵魂。

任务四　学习管理

德育引领

习近平总书记说:"知识是每个人成才的基石,在学习阶段一定要把基石打深、打牢。学习就必须求真学问,求真理、悟道理、明事理,不能满足于碎片化的信息、快餐化的知识。要通过学习知识,掌握事物发展规律,通晓天下道理,丰富学识,增长见识。人的潜力是无限的,只有在不断学习、不断实践中才能充分发掘出来。"

请看一位学生家长写给孩子的信,你会发现我们身边有些大学生是这样的。

上课的时候,清醒的没有发呆的多,发呆的没有睡觉的多,睡觉的没有玩手机的多。下课的时候,自主学习的没有吃零食的多,吃零食的没有看连续剧的多,看连续剧的没有玩游戏的多。如此这般,就业时失败怎能不比成功多?

不给范围就不会考试,给了范围也只是复印、抄袭答案。你若是老板,会雇用自己吗?

你说你学完了计算机基础课程,但真实水平与小学生大体相当,你的竞争力在哪里?你学了两年英语,然而你的英语水平还没有翻译软件高,有哪家用人单位需要你?你学了思想道德修养课程,但你根本就没听,除了课堂上睡觉的抗干扰能力得到提升外,你在思想修养和道德品质方面有哪一点提升了?

你说你有专业,除了玩手机略显专业外,你能响亮地说出你还有什么专业特长吗?不论什么课,对你来讲都变成了手机操作课。拿笔的时间远没有拿手机的时间长,看黑板的时间远没有看手机的时间长,你让谁去相信你是一个有专业的人?

离开了电脑、手机,你能做什么?离开了游戏,你喜欢什么?对于这些问题,你都找不到答案,还想找到前程吗?

图书馆里没有你的人影,运动场上没有你的身影,公益场所更没有你的人影。人存在的价值在于不可替代。责任心、吃苦精神、写作水平、做事能力、专业修养、操作技术、学问素养、与人相处,有哪一方面是你的看家本领?有哪一方面是他人不可替代的?

"少壮不努力,老大徒伤悲。"帮帮忙,把你身边睡觉的同学叫醒。

相信青年大学生依靠学习能成为更好的自己,能为实现中华民族伟大复兴贡献青春力量!

知识讲堂

知识改变命运,能力引导成功。知识和能力是靠学习不断积累的。只有不断地学习,才能适应社会的变化和工作的需要,才能获得最终的成功和幸福。

美国的彼得·圣吉说:"竞争唯一的优势是来自比竞争对手学习得更快的能力。"他告诉我们学习的重要性以及积极性:只有不断地学习,树立自我学习的管理意识,才能适应社会,获得成功。

一、学习与学习管理

学习是获得知识和获取技能的一个过程。世界上有三种类型的人:第一种是不肯学习的人,他们很快就会被淘汰;第二种是肯学习而不善于学习的人,也可能会被淘汰;第三种是肯学习又会学习的人,最后取得了成功。学习管理的最终目的就是让自己成为第三种人,即愿意学习又会学习的人。

面对学习,我们总是找各种各样的借口,也会遇到各种各样的障碍,这些借口或障碍不仅降低了我们学习的兴趣,还让我们无法有效地学习,这正是学习需要管理的原因。要想真正实现学习目标,就需要按照学习管理的流程有计划、有目的地去学习。一般的学习管理流程可分为三步:确定合理的学习目标,制订学习计划;积极实施学习计划;对学习效果进行评估与反馈。具体如图8-4所示。

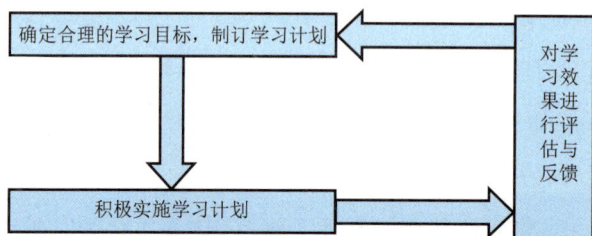

图 8-4　学习管理流程

1. 确定学习目标

学习目标是学习者设想达到的学习效果。有了明确的学习目标,才会精力集中,始终处于一种主动进取的学习状态,从而达到事半功倍的效果。学习目标的确定必须来自需求,如当前的工作、生活或自我发展的实际需求。如果学习目标偏离实际需求,就算实现目标也不会产生太大效益。所以,学习中找准实际需求才是关键。

2. 制订学习计划

"凡事预则立,不预则废。"学习是计划行事人的主体性、意识性的体现。构建高楼大厦需要蓝图,学习计划就是实现学习目标的蓝图,它对提高学习效率起着至关重要的作用。

3. 合理安排学习时间

(1)可以通过回答下列问题来评估自己是否已被时间主导而不能合理安排自己要做的事情。

① 你是否想在同一段时间内完成几件事情,却总是完不成?

② 你是否因顾虑其他事情而无法集中精力来做目前该做的事情?

③ 如果你的学习计划被突发事件打断,你是否觉得可原谅而不必找时间弥补?

④ 你是否常常一天下来总觉得很累,却又好像没有做什么事?

(2)合理安排学习时间,需要从以下几个方面做起:

① 根据学习任务的轻重缓急,确定任务完成的先后顺序。

② 对每一项任务进行细分,明确行动的步骤和具体的时间安排。

③ 对不重要的事情说"不"。

④ 改变拖延的毛病。

⑤ 做好事件日志。

二、积极实施学习计划

要想积极有效地实施学习计划,提升学习管理能力,必须做好以下几项工作:

1. 按时完成学习任务

按时完成学习任务,我们需要学会专注和排除外界的各种干扰。

学会专注就是学会把注意力集中在某个特定的目标上,积极寻找实现这个目标的方法,并成功地将之付诸实践。在实现目标的道路上,良好的习惯能够帮助我们专注于自己的工作。

2. 了解学习风格，选择合适的学习方法

一个人要想提高学习效率，就必须了解自己的学习风格，主动地选择适合自己的学习方法，从而充分发挥自己的优势和潜能，获得理想的效果。

所罗门从信息加工、感知、输入、理解四个方面将学习风格分为四个组、八种类型，见表8-5。请根据所罗门的学习风格分类，看看自己属于什么类型的学习风格。

表8-5　学习风格

组	类型	特点
活跃型与沉思型	活跃型	倾向于通过积极地做一些事，如谈论、应用或解释给别人听来掌握信息
	沉思型	更喜欢安静地思考问题
感悟型与直觉型	感悟型	喜欢学习事实，不喜欢复杂情况和突发情况，反感测试一些在课堂上没有明确讲过的内容，对细节有耐心，擅长记忆事实和做一些现成的工作，能理解抽象的数学公式，不喜欢与现实生活没有明显联系的课程
	直觉型	倾向于发现某种可能性和事物之间的关系，喜欢革新，不喜欢重复，擅长掌握新概念，工作效率高，具有创新性，不喜欢那些包括许多需要记忆和进行常规计算的课程
视觉型与言语型	视觉型	擅长记忆看到的东西，如图片、图表、影片和演示的内容
	言语型	擅长从文字和口头的解释中获取信息
序列型与综合型	序列型	习惯于按线性步骤理解问题，每一步都合乎逻辑地紧跟前一步
	综合型	习惯于吸收没有任何联系的随意的材料，并用新奇的方式将它们组合在一起，从而解决复杂的问题

3. 利用各种资源提升学习效率

积极实施学习计划，还需要借助各种资源来提升学习效率。可以利用的资源包括老师、同学、朋友、文字、信息、图像、音频、视频、软件等。总之，尽可能地主动寻求和利用各种有助于学习的资源，这样学习起来势必会事半功倍。

4. 灵活调整学习计划

在计划执行过程中，随时会遇到意想不到的环境变化，如果这些变化对目标的实现会产生重大影响，我们就必须及时调整学习计划，采取新的措施推动任务的具体落实，甚至要适当地调整学习目标。

环境的变化可能来自内部，也可能来自外部，但无论是哪种环境的改变，只要影响学习目标的实现，就需要及时修订计划，调整行为。

三、正确地对学习效果进行评估与反馈

只知一味地学习，不知对学习效果进行评估和反馈，那么学习效率就会大大降低。

对学习效果进行评估和反馈,目的是更好地学习和执行学习任务。那么,怎样做才能对学习效果进行正确的评估和反馈呢?这就需要做到以下几点:

1. 正确地进行自我评估

在学习过程中,需要每天、每周、每月检测学习目标的实现程度,了解实现目标的途径是否合理,方法是否科学有效。只有不断地进行正确的自我评估,查找问题,改掉缺点,才能取得真正的进步。正确的自我评估需要对学习过程和结果进行科学合理的评价。

学习过程的评估主要包括学习内容的评估、学习进度的评估、学习方法的评估、目标实现途径的评估、学习行为的评估。

学习结果的评估主要侧重于两点,即目标的实现程度和学习效率。

2. 查找原因,改进学习

学习过程中肯定会有各种各样的影响因素阻碍目标的实现,这就需要根据评估学习的结果进行正确归因,查找问题的症结,并对症下药,从而提高学习效果。

问题的产生可能来自内因,也可能来自外因,或者是内外因双重作用的结果,这就需要准确界定,查找根源。

学习过程中切忌自满,自满是最要不得的,它让我们再也学不进东西。始终抱着空杯的心态,抱着求知的渴望,才能持续学习和提高。

3. 运用学习成果,主动迁移

古人言:"举一反三,触类旁通。"意思是,掌握某种知识后,能将类似的知识与已经学过的知识相关联,不学自通。这就是学习的迁移现象。

聪明的学习者能够有效地运用学习成果,主动迁移,达到事半功倍的效果,最大限度地激发潜能,培养自己发现问题、分析问题和创造性解决问题的能力。一个人能力的提高是通过知识的广泛获得及广泛迁移实现的。

四、学习管理的方法

"工欲善其事,必先利其器。"学习管理也是如此,掌握学习技巧和方法,并根据实际情况做出最佳选择,不仅能增强学习兴趣,还有助于提高学习效率。

学习能力

1. 创造性思维方法

创造性思维方法是指打破常规,改变思维定式,寻求以非常规的方法来提升学习力的一种学习思考方法。它可以让我们找到意想不到的途径来解

决问题,帮助我们迅速加深对知识的理解,极大地提升学习效率。最常用的创造性思维方法包括头脑风暴法、系统探索法、联想类比法、组合创新法等。

惯性思维是创造性思维的最大障碍,很大程度上不利于人们分析和解决问题,不利于人们发展。

2. 锥形学习法

为了形象地说明,我们把这种学习方法比作一把锥子。锥子有两股劲:一是钻劲,二是挤劲。知识的专一性像锥尖,精力集中好比是锥子的作用力,时间的连续性好比是不停地使锥子往前钻进。这种学习方法支配的学习活动呈现出一种尖锐猛烈、持续不断的态势。

诺贝尔经济学奖获得者西蒙教授曾提出这样一个见解:"对于一个有一定基础的人来说,他只要真正肯下功夫,在 6 个月内就可以掌握任何一门学问。"西蒙立论所依据的实验心理研究成果表明:一个人 $1 \sim 1.5$ min 可以记忆一个信息,心理学上把这样一个信息称为"块",估计每一门学问所包含的信息量大约是 5 万块,如果 1 min 能记忆一块,那么 5 万块大约需要 1 000 h,以每星期学习 40 h 计算,要掌握一门学问大约需要 6 个月。感谢西蒙的这个研究成果,它构成了锥形学习法的理论基础。

锥形学习法中的知识增长或能力提升是一种优势积累,需要我们树立与时俱进的学习观,精力高度集中地、频繁地利用大脑去学习工作和生活中需要掌握的知识,不停地向知识的深度进军。

3. 螺旋上升式学习法

所谓"螺旋上升式学习法",就是用一系列的循环知识单元来代替平铺直叙的知识积累和阐述,每一个循环都比上一个循环更高一层、更进一步。这种学习方法通俗地说是整体大于各部分之和的一种循环方式,后一个循环以前一个循环为基础,又比前一个循环更深。同时,后一个循环的学习又能够使前一个循环的知识得到丰富和补充。

螺旋上升式学习法,以学习者感兴趣或想研究的内容为目标,起点可以是某个基本概念、公式、实验现象、疑难问题,甚至可以是自己的某种设想。从这个起点出发,围绕中心内容,学习、掌握与中心内容有直接关联的知识,同时了解那些与中心内容有联系但并不产生直接影响的知识。经过一个阶段的学习,掌握基本概念,理解和会用公式,会分析实验现象,能解决疑难问题,使设想得到验证。此外,还要了解与所学内容有关的知识领域,领略所学知识的概貌。在这一循环学习过程中,又会遇到新的概念、新的问题,再以此为新的起点,进一步循环,进一步学习,进一步开阔视野。同时,为了解决起点提出的问题,需要认真地钻研,需要去查找书籍,寻求解答根据、证明材料。这不仅仅是掌握知识的过程,也是培养扎实钻研作风的过程,还是训练快速查阅书刊、有效利用资料能力的过程,由此可以说是"一箭三雕"。

探索与训练

请你参照下列模式,制订一份追求卓越的学习计划。

第一步,发现和克服自己的不足

每天花费一点点时间来研究自己在哪些方面存在不足,用什么学习方法可以让自己逐渐克服这些不足。

存在的不足:_____

_____

_____。

克服不足的学习方法:_____

_____

_____。

第二步,下定决心

下定比任何人都努力的决心,认真对待每一天的学习和生活。

决心:_____

_____。

第三步,养成良好的学习习惯

树立无止境追求完美的学习观念,在学习和工作中养成无止境追求完美的习惯。

养成学习习惯的措施:_____

_____

_____。

第四步,选定一个竞争对手

从身边选定一个竞争对手,研究他,并想方设法超越他。

超越的方案和措施:_____

_____

_____

_____。

第五步,制订学习计划

根据确定的学习目标,制订出年学习计划、月学习计划和日学习计划,并努力完成这些计划。

年学习计划:_____

_____

_____。

月学习计划:_____

_____

_____。

日学习计划:_____

_____

_____。

小 结

本环节通过发现不足、确定学习目标、制订学习计划、优化学习方法,引导同学们养成良好的学习习惯,从而有效地对学习过程进行管理。

榜样人物

学习改变命运

马海金,山东铝业职业学院 2007 级应用化工技术专业学生。在学习过程中,他对汽车行业产生了浓厚的兴趣,一有时间就去学习汽车方面的知识。2009 年,他毕业后入职山东某汽车销售有限公司,经过自身努力很快转成正式的销售顾问。2010 年 4 月,他被公司派到上海参加青年干部培训,学习日常管理工作。回公司后,他全面负责分店每天的营运分析和客流管理记忆以及销售顾问的基础知识培训,并参与制订月度、季度和年度计划,撰写总结纲要,得到了领导的一致认可与好评。2010年9月,他参加了上海组织的展厅经理培训。培训结束后,他担任了分店的销售经理助理和展厅经理,参与公司的日常管理工作,并于2013年1月担任公司销售经理。

2013年底,他辞去销售经理工作后进入珠宝翡翠行业,跨行业后的他更加努力地学习相关知识,很快就摸清了这个行业的门道,并且业绩不凡。现在,他已经成为山东省珠宝玉石协会常务理事、中国观赏石协会理事、国家级观赏石二级鉴评师。

从马海金的例子可以看出,人的一生就是一个不断学习的过程,只有主动地激发自己的潜能,不断地学习,才能保持强大的竞争力,获得成功。

参考文献

[1] 金树人. 生涯咨询与辅导[M]. 北京:高等教育出版社,2007.

[2] 国家职业分类大典修订工作委员会. 中华人民共和国职业分类大典(2015年版)[Z]. 北京:中国劳动社会保障出版社,2015.

[3] 彼得·德鲁克. 卓有成效的管理者[M]. 许是祥,译. 北京:机械工业出版社,2019.

[4] 刘兰明,刘若汀. 职业素养[M]. 北京:电子工业出版社,2020.

[5] 李纯青,刘建勋,田敏. 职业素养开发与训练[M]. 北京:清华大学出版社,2018.

[6] 陈斯毅. 职业素养[M]. 北京:北京师范大学出版社,2021.

[7] 张东风. 职业道德[M]. 3版. 北京:中国劳动社会保障出版社,2017.

[8] 张铭方. 初入职场必修课[M]. 北京:电子工业出版社,2016.

[9] 王莹. 大学生职业生涯规划[M]. 北京:清华大学出版社,2019.

[10] 张岩松,周晓红. 职业形象设计[M]. 北京:清华大学出版社,2016.